論語三百講（中篇）

傅佩榮◎著

泰伯第八
子罕第九
鄉黨第十
先進第十一
顏淵第十二
子路第十三

目次

中篇

泰伯第八

【第120講】

《論語・泰伯第八》第二章，原文：

子曰：「恭而無禮則勞，愼而無禮則葸，勇而無禮則亂，直而無禮則絞。君子篤於親，則民興於仁；故舊不遺，則民不偷。」

意思是：

孔子說：「一味謙恭而沒有禮的節制就會流於勞倦，一味謹慎而沒有禮的節制就會顯得畏縮，只知勇敢行事而沒有禮的節制就會製造亂局，只知直言無隱而沒有禮的節制就會尖刻傷人。政治領袖對待親族厚道，百姓就會漸漸走上人生正途；他們不遺棄過去的友人，百姓就不會刻薄無情。」

這段話的內容顯然要分兩部分來分析。

第一部分是孔子指出，四種德行都需要用「禮」來約束。四種德行，一是恭，謙恭；二是愼，謹愼；三是勇，勇敢；四是直，直爽；四者皆是優點，但若沒有禮來加以節制，其後果恐怕不堪設想。所以要記得，做好事很好，有心做就做吧，但是如果不知禮，不知分寸，可能會弄巧成拙。比如說，一味的謙恭，無論什麼事情包攬過來「服其勞」，而沒有禮的節制，最終會使自己非常勞累，苦不堪言。所以，還是每個人都履行自己的職責和行為規範比較好。再者，謹慎而沒有禮的節制，就會顯得畏縮；若有禮加以節制，該做就做，便不會畏首畏尾。第三，只有勇敢，也會有缺失，最後變成是製造亂局。我們常常說「群眾的年齡只有十三歲」，因為一個人不敢做的事，一群人就敢做了，大家互相壯膽，到最後製造亂局。所以，勇敢與製造亂局經常一起出現。第四，「直」本來是好事，直爽、直言無隱。但如果一味的「直」而沒有禮的約束，就變成刻薄傷人了。

即令是善行，沒有禮的約束，都會導致嚴重的後果。所以，人活在世界上，必須要知道規範。《禮記》裡提到「樂不可極，樂極則生悲」。一個人快樂過頭，就可能發生悲劇。我們經常在報紙上看到這樣的報導，說是幾個朋友去慶祝生日，酒喝多了，然後開車回家發生車禍。這就是樂極生悲。此外，不能放縱欲望，「欲不可縱，縱欲則傷身」。若縱欲，就會傷害自己的身體。所以，人生最難的就是如何約束自己。古希臘時代後期，西方有一個哲學流派稱為「享樂主義」，有時候也翻譯成「快樂主義」。一般人聽到享樂、快樂，會很驚訝，快樂也能當哲學？那誰不會呢！但是，當明白享樂主義最後的結論時，沒有人不感到訝異：真正的快樂是溫和的自我節制。比如，吃飯吃得很飽很飽，會使腸胃不舒服，自我加以節制，吃個七分飽剛剛好。真正的快樂，不是說樂一次卻帶來半年苦，那未免太慘，憑什麼能稱為快樂主義呢？快樂後面帶來痛苦，不是自找麻煩嗎？真正的快樂是穩定地保持一種和諧的狀態。

孔子接著說：政治領袖對待親族厚道，百姓就會漸漸走上人生正途。因為政治領袖在高處具有領導作用，老百姓仰望政治領袖對待親戚朋友寬厚的風範，漸漸受了薰陶，社會風氣就會變得比較敦厚了。周朝初年，封了兩個大國，一個是魯國，另一個是齊國。魯國封給周公的兒子，齊國封給了姜太公。周公與姜太公兩位國之重臣在一起聊天，姜太公先問周公，你如何治理魯國？周公說：「尊尊親親」。尊敬值得尊敬的人，親近自己的家族成員。聽到「尊尊親親」四個字，我們就知道，魯國人比較厚道，講究的是長幼尊卑、親戚血緣的關係。但是，談厚道，國家就不大可能強盛，因爲人才如果不是同族、同宗的，便不一定會任用。魯國從來沒有成爲強國，其根本原因就是立國政策是「尊尊親親」。相反的，齊國的姜太公說，自己的原則是「舉賢而尚功」。推舉傑出人才，崇尚有功勞的人。所以，在齊國，有能力的人就能出人頭地。這也是齊桓公能夠首先在春秋時代稱霸的原因。直到戰國時代，戰國七雄中還有齊國。周公說「尊尊親親」後，姜太公便說魯國從此衰弱了，恐怕一直都不會強盛。而姜太公講完「舉賢而尚功」之後，周公說齊國後世必有劫殺之君。何謂「劫殺之君」呢？就是後代當國君的，一定有人被劫殺。劫就是搶劫，殺就是殺害。果然，齊國傳到二十四世，就被篡位，國名未變，但是國君的血統已不同，不再是姜太公這一家人了。而魯國一代一代傳下來，直到三十二世。這說明，立國精神決定了整個國家的發展方向。

孔子提到的「君子篤於親，則民興於仁」，與魯國的傳統有關，他所追求的是和諧的社會風氣。不遺棄親朋故舊，百姓就不會刻薄無情。政治人物如果一旦當官，就把過去的親朋好友、學生統統丟在一邊。老百姓看他只追求個人成就，毫不念舊情，也會跟他學，社會風氣當然不好！這也是後世罵《三國演義》裡的曹操「奸」的原因。曹操上臺後，公告天下，不仁不孝沒關係，只有能夠治國用兵，就加以任用。如此一來，道德品質有問題的人照樣得到重用，造成魏晉時代整個社會風氣的不堪。

本章前半段提示大家如果不用禮來約束，好事也會變成壞事，說明人的生命需要規範；後半段則說明政治領袖要注意上行下效的作用，這是落實於實際政治的觀察。

【第121講】

《論語・泰伯第八》第六章和第七章都是曾子說的話，所以我們一起介紹：

曾子曰：「可以託六尺之孤，可以寄百里之命，臨大節而不可奪也；君子人與？君子人也。」

曾子說：「可以把年少的孤兒託給他照顧，可以把國家的命脈交給他負責，遇到重大關節也不放棄操守，這種人稱得上是君子嗎？這種人就是君子呀！」

本章中曾子提到了三個重點。第一，託六尺之孤。這讓人聯想起戲劇《趙氏孤兒》的故事，可以把孤兒託付給他照顧。第二，可以把國家的命脈交給他負責。第三，他遇到重大關節，不會放棄操守。這種人可以稱爲君子嗎？不用問也知道，當然可以了。曾參是孔子的學生，比孔子小四十六歲，在《論語》裡面，只有他與有子(有若)經常被稱爲「子」。曾參的父親也是孔子的學生，名叫曾皙，也就是曾點。爸爸並沒被尊稱爲曾子，兒子反而成了曾子。「子」字放在名字後面代表此人是老師，是先生；放在名字前面則沒有特別意義，比如子游、子夏、子路、子貢、子張，只是名字而已。曾子爲什麼被稱爲「子」呢？因爲他的學生很多，其中有幾位負責編輯《論語》，自然就在提到老師的時候，把曾參寫成曾子了。這是古時候的規矩，也是《論語》中收錄了不少曾子語錄的原因。

我們學《論語》，是要學習孔子的思想。對於其中孔子學生所說的話，則要多加思考，學生並不代表孔子，他們講的不見得都正確。但是，曾參這句話說得非常好，念起來會讓人覺得很有氣魄。難怪曾參後來也成爲儒家的重要學者，孟子不但經常提到曾參，而且特別強調曾參在國家中居於帝王老師的位置。這樣說來，他在教導後學方面也應該很有成就。曾參說，做君子需要達到三個條件。但這三條件其實十分相似。「託六尺之孤」和「寄百里之命」，這兩者關聯密切。爲何把「六尺之孤」加以託付呢？爲何把「國家命脈」加以交託，一定是出事了。把孩子託付給你，把國家命脈請你負責，將來讓他再得到應有的位置，這二個使命可不容易。至於「臨大節而不可奪也」，遇到重大的關節，也不放棄自我的志向。這與前面兩者也可以聯繫起來。如此說來君子好像只適合做「忠臣」。曾參論述君子的範圍似乎稍窄了一點。

孔子講君子的角度，相較起來寬泛許多。他喜歡強調君子應該具有的德行，比如，他提到子產有四個方面達到君子的要求：「其行己也恭，其事上也敬，其養民也惠，其使民也義」。四方面，分別對自己、對國君、對百姓而言。從這些方面來談君子，比較完整。

還記得曾參的「吾日三省吾身」嗎？這也是講自己與別人的關係。「爲人謀而不忠乎，與朋友交而不信乎，傳不習乎」，也著眼於個人與他人的關係。難怪曾參總結孔子的一貫之道時，用了兩個字，「忠恕」。盡己之謂忠；推己之謂恕。都是立足於個人與他人的關係。其實，孔子講一貫之道的時候，絕對不僅僅停留在人我之間。他的一貫之道是可以爲道而犧牲的，生死之間、天人之際都得以貫穿。

【第122講】

《論語．泰伯第八》第七章。原文：

曾子曰：「士不可以不弘毅，任重而道遠。仁以爲己任，不亦重乎？死而後已，不亦遠乎？」

上面提過，曾參把老師的一貫之道理解爲「忠恕」。我們特別強調這個答案並不正確。本章所言爲曾子晚年，融會貫通後的理解，這才是標準答案。曾子說：

「讀書人不能沒有恢弘的氣度與剛毅的性格，因為他承擔重任而且路途遙遠。以行仁為自己的責任，這個擔子還不重嗎？直到死的時候才停下腳步，這個路程還不夠遙遠嗎？」

答案顯而易見。什麼是孔子的一貫之道？當然是「仁」。只有把行仁當作自己的責任，才會到死才能停止。這說明，就是「仁」字，可以從生到死，一以貫之。

在孔門弟子中，曾參的資質不是特別好，但是他非常用功。孔子曾用「魯」字來形容他，意思是魯鈍，反應慢。上課的時候，別人全聽懂了；他沒聽懂，要多看幾遍才行，但是這樣的學生有個優點，就是往往比較用功。反之，像宰我那樣聰明的學生，就很調皮，白天睡覺不學習，提問題時存心搗蛋，弄得孔子對他眞是既喜歡又討厭。

曾參的這段話講得非常好。「士」是指讀書人。讀書所學爲何？當然是希望立志，樹立高尙的目標與理想，所以要有恢弘的氣度、剛毅的性格，否則就不能堅持下去。因爲任重道遠啊！這個成語就出自本章。「任重」是因爲行仁的責任很重；「道遠」是要堅持到死爲止。把行仁與死相聯繫，才會明白什麼是一貫之道。

我們應該對曾參表示尊敬。他年輕的時候，並未完全理解孔子之道，所以將老師的思想概括爲「忠恕」。而上面這段話顯然是他晚年說的，那時候他大概已經四、五十歲了，人生閱歷比較豐富，書也念得多，才眞正了解了孔子的一貫之道，所以特別強調「仁」。從文獻記載來看，孔子的學生很少主動說要行仁，大部分都問什麼是仁？或者某某人合乎仁的標準嗎？某某人做得如何？本章顯然是曾參晚年的心得。我個人認爲，這才是正確的答案。

《孟子》對曾參也非常推崇，認爲曾參後來成爲魯國的國家象徵。提到魯國，就會想到曾參。因爲曾參的學問好，德行也好。這是他日積月累的結果。一般認爲，曾參把《孝經》、《大學》兩部經典傳及後世，他對儒學的貢獻是很大的。

【第123講】

《論語・泰伯第八》第八章的內容：

子曰：「興於詩，立於禮，成於樂。」

孔子說：「啓發上進的意志要靠讀詩，具備處世的條件要靠學禮，達成教化的目標要靠習樂。」

詩、禮、樂都是古代傳下來的，自有傳統。周公制禮作樂，燦然完備；詩本是民間流傳的歌謠，官府採集之後並加以整理。興，振興，意思是開始、啓發上進的意志。孔子提到詩的時候，最常用的就是「興」這個字。我們在後面會看到，孔子勸學生念詩時說：「二三子何莫學夫詩？」同學們爲什麼不學詩呢？詩可以興、可以觀、可以群、可以怨。首先提到的就是「興」。何以詩與「興」有關係呢？前面提過，孔子說《詩經》三百篇，用一句話來概括就是「思無邪」。「思無邪」是說一切都出於眞誠的情感。所以《詩經》的內容絕對不是談思想，不是談哲學，而是文學性的。文學作品一定要出於眞誠的情感。我們讀《詩經》時，就會感受到，詩篇中非常眞誠地表達出人類共同的情感，在困難中的、在歡樂中的、談戀愛的、思念的。只有眞誠能夠引發眞誠。人年輕的時候多半都很有理想，總覺得自己可以爲社會、爲國家，甚至爲人類好好做一番事業，但是隨著年齡慢慢增長，發現自己越來越受限制，最後只能安於現狀，漸漸忘記曾經有過純潔高尚的理想，可是，一讀《詩經》就會發現又找到了從前那種上進的意志。所以，孔子說，我們要經常閱讀《詩經》。

第二，「立於禮」。在古代，禮包括各種具體的行為規範。《儀禮》一書就說明人際來往的各種禮儀。比如：射箭有禮儀、同鄉人喝酒有禮儀，更不要說婚喪嫁娶了。人在社會上立身處事就要立於禮。孔子說自己「三十而立」也是立於禮。也就是說，學會禮儀規範之後，與別人來往就能掌握分寸。當然，以當今社會而言就要包括法在內了，因為法是把禮的某些具體要求作出明文規定，違法就得受懲罰。禮比法更積極，禮引導人如何與他人相處，鼓勵人與別人建立適當的關係；法律則是禁止、約束人的不當行為。人活在社會上，如果守法而重禮，就不會有太大問題了。

第三，「成於樂」。音樂最能夠溝通、協調人際情感。社會發展最終要看音樂教化的程度。人活在世上短短幾十年，不管生在什麼地方、哪一個國家，大家都希望好好過日子。好好過日子，最明顯的表現就是音樂。所以，古代往往根據一個國家流行的音樂，來判斷這個社會的情況。如果流行的音樂非常和諧，那麼，這個社會自然充滿人性的溫暖；相反，流行的音樂緊張壓抑，國家的狀況恐怕不好了。音樂反映了人的心聲，把內心的複雜情緒用音樂表達出來。

再進一步分析這三句話。古代有所謂的「五經」，不同的教育收到不同的效果。如果強調詩，就是所謂的詩的教化，結果就是「溫柔敦厚，詩教也」。一個社會強調詩教的話，大部分人都會懷著真誠的情感溝通交流，使得大家性情溫柔敦厚，民風自然淳樸了。不過，溫柔敦厚固然很好，但過頭了就是愚笨，就容易上當受騙。「恭儉莊敬，禮教也。」如果一個社會推行禮儀、禮節又重視禮貌，社會風氣就會恭儉莊敬。恭就是嚴肅、認眞、謙恭；儉就是節儉，能夠自我約束；莊就是莊重；敬就是認眞。這幾個字的字義很接近，意思是說，在社會上推行禮教，每一個人便都會有分寸，人與人相處更沒有問題，整個社會就能正常運轉。樂教是最後一步。「廣博易良，樂教也。」廣的意思是每一個人都心胸開闊；博代表博厚，可以包容一切；易就是和善；良是指善良。「廣博易良」就是樂教。在音樂流行的地方，大家都其樂融融。以孔子爲例，這一天如果哭過，他就不再唱歌。顯然，唱歌是歡樂的事，我們開心的時候才會唱歌，通過音樂和別人交流情感有時遠遠勝過言語。一首歌的歌詞如果寫得好，勝過千言萬語；而且很多時候，音樂旋律就能打動人心。

我喜歡聽一些西方男高音歌劇家演唱的歌曲，說實在，歌詞其實完全聽不懂。我曾經聽到波伽利唱的一些義大利歌謠，很喜歡。於是，趁著在荷蘭教書的時候，找了位義大利學者學義大利文。把我最喜歡的一首歌的歌詞給他看，請他翻譯幾句。結果，他看了半天說，太難翻譯了。我想，連義大利的學者都很難翻譯的歌詞，我得學多久才能看懂啊！於是放棄了。老老實實把自己的母語學好，就足以表達一個人內心所有的情感了。

這一章雖然只有九個字，但卻把人的一生、把社會的建構做了清楚扼要的說明，要「興於詩，立於禮，成於樂」。

【第124講】

《論語・泰伯第八》第十一章的內容：

子曰：「如有周公之才之美，使驕且吝，其餘不足觀也已。」

意思是：

孔子說：「即使一個人才華卓越有如周公，如果他既驕傲又吝嗇，其他部分也就不值得欣賞了。」

我們都知道，孔子最崇拜的人是周公。他甚至曾經因爲長期沒有夢見周公而懷疑自己是不是太老了，以至於好像忘記了年輕時的崇高理想。本章孔子以周公作爲比喻，他說周公的才華是沒有問題的。「美」表示值得欣賞。周公這樣一個人，任何人看了都覺得了不起，是個人才，但是如果他既驕且吝，就沒有什麼值得欣賞了。驕傲是說以自我爲中心，才華越高，越給別人壓力，越不肯替別人服務，反而處處和別人計較。吝嗇就是捨不得，東西不願讓別人來分享。其實，一個人有才華，就應該貢獻於社會。孫中山先生曾經說過，聰明才智越高者，應該爲越多人服務。這話很有道理。聰明人不要只爲自己謀利益，不要把別人當作競爭對手，而要爲更多人服務。西方中世紀末期有一種觀念，認爲在宗教裡要避免七大死罪，換句話說，要避免七種罪過。後來拍成電影，英文叫 *Seven*，中文翻譯成《火線追緝令》。電影裡面有一個人，他根據七大死罪謀殺了七個人。這七大死罪裡面，第一個就是驕傲；然後是嫉妒、憤怒、懶惰、貪吃、好色、貪財。後面三樣是食、色、財，人沉迷在物質欲望裡，整天吃喝玩樂，當然不值得欣賞。嫉妒是發現別人比我好，就在背後中傷他。憤怒也是一種罪過。孔子就曾強調說，不要亂發脾氣，因爲人生氣的時候往往做出不理智的事情，正所謂「怒從心頭起，惡向膽邊生」。懶惰也是一種罪過，整天什麼事都不做，好逸惡勞，這也不對。基督宗教的七宗罪中，排在首位的就是驕傲，此一宗教認爲，人是上帝所造，如果人認爲自己了不起，就是對上帝不敬，忘記了自己本來是被造的，只是一個來自於塵土，最後又回歸於塵土的人。西方人在葬禮上，一定會說六個字：「塵歸塵，土歸土。」人這一生不管如何努力，達到何等成就，最後終歸是結束，所以人應該有一顆謙虛的心。今天有機會做這件事，不代表自己比別人優秀，只是有機會而已。那就儘量做，把它做好；如果我們不做，會有別人做，這世上沒有非誰不可的事。孔子強調，一個人不論才華再高，如果帶著驕傲氣息，便不值得敬佩。一個人才華高，應該感激父母、祖先；表現得好，應該感激後天所受的教育使自己能夠得到好機會可以學習、成長，所以應該懷著感恩的心。

吝嗇就是小器，看到別人有問題，自己分明會，卻不願意幫忙。有些人可以不驕傲，卻不容易避免吝嗇。比如，上學時，如果同學有問題，我都幫忙解答，結果恐怕是自己沒有時間溫習功課了。我給別人講解的都是我會的；而我不會的，沒有時間做準備，功課反而受影響。在學校裡，這樣的人就算沒考出很好的成績，同學們也還是非常歡迎他。因爲他大方，把自己的心得與同學分享。功課、考試、升學是一時的，做人處事、交朋友是一輩子的，究竟要如何選擇呢？我們當然都希望兩者兼顧了，就是功課又好，人緣也不錯。不過這很難實現。

這裡強調的是，人不要驕傲，不要吝嗇，不要一切才華只爲自己。我們教書的時候，常常感歎，許許多多成績好的學生沒有正確的價值觀。他認爲，一切都是自己的成就，是自己努力得到的，是應得的。這樣的學生進入社會後，最後可以歸納爲四個字「自私自利」，什麼事情都只爲自己著想。他在社會上也許有所發展，但是很難與別人合作，更別說與別人分享成就了。這種人除非有機會提高自己的精神境界，否則一身才華只能說是浪費了。人應該互相珍惜、互相欣賞。別人有困難的時候，我們如果正好有能力，也有機會，就應該設法幫忙。千萬不要驕傲看不起別人，或者吝嗇捨不得分享。再好的才華，只放在自己身上，用處也有限，到最後只能製造更多的人際隔閡與誤會。越有成就，就越被他人討厭。

儒家思想從來都是把個人成就與社會發展結合在一起，以個人成績帶動周圍的人一起發展。這就是儒家的人文主義，一種基本的社會關懷精神。

【第125講】

《論語・泰伯第八》第十三章：

子曰：「篤信好學，守死善道。危邦不入，亂邦不居。天下有道則見，無道則隱。邦有道，貧且賤焉，恥也。邦無道，富且貴焉，恥也。」

孔子說：「以堅定的信心熱愛學習，為了完成人生理想可以犧牲生命。不前往危險的國家，也不住在混亂的國家，天下上軌道就出來做事，不上軌道就隱居起來。國家上軌道時，要以貧窮與卑微為可恥。國家不上軌道時，要以富有與高位為可恥。」

這段話的內涵相當豐富。開頭就是很精彩的八個字「篤信好學，守死善道」。我們讀書時，只要看到「死」字，就要特別留心，因爲古人說話，最嚴重的莫過於死亡。這句話表現出孔子最根本的關懷。篤信好學，以堅定的信心熱愛學習。我們常常說，「書到用時方恨少」，到了要用的時候，才發現自己念的書太少了。平常念書，不能計較將來要怎麼用它，有很多書，念的時候就念了，並不知道何年何月會用到，但若心存觀望，想等用到時再來準備就來不及了。所以，學習中必須要有堅定的信心，每天學一點新東西，去應對周圍的挑戰。人活著很容易，但是要了解爲什麼活著，如何活，那是很大的挑戰。「守死善道」是說爲了完成人生理想，可以犧牲生命。「道」與「死」放在一起的情況我們以前也見過。子曰：「朝聞道，夕死可矣。」早上了解了人生的理想何在，就算當晚要死也無妨；即便來不及把「道」付諸實踐，也沒有關係，因爲心已經走上了正確的路。「守死善道」強調無論如何都要把人生理想加以實現，爲之犧牲生命也在所不惜。犧牲生命有時候就是完成生命。我們都知道，死亡這件事「有重於泰山，有輕於鴻毛」。有的很重，像泰山一樣，這樣的死很値得，比如說爲國家而犧牲奉獻，爲個人理想而一生不悔；有的則輕如鴻毛。所以，我們要珍惜生命，不能輕易放棄。

再接著的是很有名的八個字：「危邦不入，亂邦不居。」一個國家如果陷入危險或混亂，那就不要前往，更別談居住在其中了。當然，也有人質疑儒家都不去危邦、亂邦，那誰來救這個國家呢？這個問題很好。國家一切正常，儒家去有什麼用呢？危邦、亂邦才需要有人去加以匡正。但問題的關鍵是有沒有機會和能力把危邦導正，使亂邦穩定？古代的政治與今天不同。那時是封建社會，有人生下來就是貴族，有機會也有權利參與政治。普通讀書人到危邦、亂邦去，根本發揮不了作用，有時候只是白白犧牲了。儒家思想是說，一定要珍惜生命，好好活下來，等待機會再實現抱負。

《莊子》很喜歡拿孔子開玩笑。其中有一段故事與孔子的這段話有關：顏淵學習頗有成就，於是想到衛國去幫忙。孔子問，你爲什麼要去呢？他說，老師不是教我們：醫生的門前一定有很多病人，我既然掌握了醫術，理當要到有病人的地方才能發揮我的能力；國家混亂，我正好可以把它治理好。孔子就勸顏淵多想想，別冒險，萬一犧牲生命的話，不是很可惜嗎？莊子故意開玩笑說儒家不是主張「危邦不入，亂邦不居」嗎？可是顏淵卻想去亂邦！我們學習《論語》，還應參考別的學派的觀點，要從不同的角度分析問題。

接著孔子明確提出，天下上軌道時就出來做事，不上軌道時就隱居起來。這也是儒家明哲保身的辦法。因爲如果身處亂世，很可能會白白犧牲。比如，在魏晉時代，天下大亂，史書上留下了六個字「名士少有全者」，就是說，有名望的讀書人很少能夠保全性命，得到善終的。這六個字太可怕了，當時的情形，名士們往往因爲站錯了隊，跟錯了人，就在動盪的政局中成爲犧牲品。孔子特別提到兩種可恥的行爲。第一種是國家上軌道時，如果貧賤，那就是可恥。顯而易見，國家上軌道，讀書人有本事有能力，就應該把能力表現出來，貢獻於社會，得到富貴。如果這個時候依然貧賤，應該反省自己功夫不佳，學識不足，能力有缺陷，以致於不受重用。可見，儒家並不反對富貴，因爲追求富貴是人的正常欲望。反之，若國家不上軌道卻得到富貴，那也是可恥的。因爲在國家混亂動盪、黨派鬥爭非常複雜的時候，只有隨波逐流、沆瀣一氣、妥協退讓、不堅持原則的人才會得著富貴。例如，五代時的「不倒翁」馮道，他歷經四朝均官至宰相。有人說他了不起，任何人當政他都屹立不倒，享受榮華富貴。但是讀書人會覺得，這樣的人格有問題，太沒有原則了。所以，我們要牢記在國家上軌道的時候去追求功名富貴，因爲在公平競爭的環境下，應該有機會憑能力出頭；但是，在國家不上軌道的時候，就要收斂鋒芒，安於貧賤。關鍵在於如何判斷國家是否上軌道？最簡單的方法就是，不要用二分法把「有道」、「無道」看做截然分明的兩極，而要當作趨勢——國家正走向有道，或正走向無道。

我們從這段話中可以學到孔子的處世態度，並用以指導我們安排自己的出處進退。

【第126講】

《論語・泰伯第八》第十六章的內容是：

子曰：「狂而不直，侗而不愿，悾悾而不信，吾不知之矣。」

孔子說：「狂妄而不直爽，愚昧而不忠厚，無能而不守信，這些人啊，我不知道他是怎麼回事。」

孔子在《論語》裡面曾經兩次說，有些人眞是莫名其妙，讓我看不懂。這就是其中的一次。孔子的意思是，一個人有什麼缺點，就對應有什麼優點，反之亦然。所以，每個人經過長期觀察，都差不多，因爲優點、缺點往往互相抵消了。

「狂而不直」，狂妄而不直爽。一般來說，狂妄的人比較直爽，沒有太多心機。可是有些人很狂妄，卻不直爽，處處耍心機，搞點小動作，這就很奇怪了。換言之孔子認爲有狂妄的缺點，但如果能直爽，也算有一個優點，勉強可以接受。第二種人是愚昧而不忠厚。一般而言，笨的人就比較忠厚。但是，孔子說有些人明明很愚昧，但是居然不忠厚！那對他眞是毫無辦法了。第三種人是無能還不守信。照理說，無能之人應該比較講信用，答應的事情會努力做到。孔子說，一個人如果沒有能力，就老老實實信守諾言。如果沒有能力，又不守信，別人怎麼跟他交往呢？所以孔子很無奈地說，「吾不知之矣」，我簡直不知道這些人是怎麼回事。孔子很少這樣說的，因爲作爲一個老師，他很喜歡給別人各種建議，沒有保留地回答各種問題。可是，如果碰到這三種人，就是想幫忙也幫不上。

「性格決定命運」，這句話是古希臘哲學家赫拉克利特說的。他說，人的性格就是他的命運。西方人認為性格是天生的，命運是後天的，人這一生會有什麼遭遇往往通過性格就能看出來。這樣的說法有根據，但是我們並不贊成。如果性格會決定命運，一個人何必努力呢？反正性格生下來就定了，那這一生的遭遇也等於決定了！這成了宿命論，對人的自由是很大的挑戰。什麼是性格呢？我一直強調，它包括兩方面，一為性向，是天生的；一為風格，是後天培養的。西方有一位哲學家，叫懷德海。他說，教育就是風格的培養。這句話在西方非常流行。人為什麼要受教育？就是為了建立自己做人處世的風格。比如一個單位的主管，會對員工有什麼要求？有些人說，要求守時；有些人說，要求工作時全力以赴，每一個人的答案都可能不同。假設一個主管什麼都要求，那就沒有人與他合作了。因為沒有人能夠面面俱到。在現實生活中，往往都是長官要求什麼，下屬儘量配合去做罷了。人接受教育，就是要培養價值觀，學會辨別主次之分，久而久之就形成了自己做人處事的風格。

宋朝學者非常喜歡討論人為什麼要讀書，歸根究柢就是四個字「變化氣質」。人生下來都有氣質，這個氣質本身是中性的，不好，也不壞。氣質指的是一些趨向，比如對事物的好惡。但氣質並非永遠不變，因為它畢竟與個人的具體欲望及要求有關，而且，只有變化之後，才能提升，變成一種精神方面的表現。變化氣質與培養風格是一樣的，就是經過教育的琢磨設法使人改善，發揮性格的優點，並且慢慢地消滅缺點。所以，書讀得越多，修養越好，最終將成為君子。

在這一章中，孔子特別提出非常不理想的情況，對於那些渾身缺點的人，孔子不知道該怎麼辦。的確，老師教書的時候，也會遇到一些難教的學生，因為他們不知道自我反省。像孔子這樣的人都經常自我反省，著名的孔門弟子曾參也因自我反省而知名，可以說，自我反省是人生修養的第一課。孟子說遇到任何事情「行有不得者，皆反求諸己」。遇到不順利，比如說，言語發生衝突了，做事遇到阻礙了，或是別人對我產生誤會、不諒解，都要先自我反省，看看是不是自己有問題。果眞能如此自我要求，便每天都有機會修正、提升自己，兩三年下來，整個人就完全不同了。所以，古時候，貴族子弟進學校，三年就要考核一次，相當於進大學三年後進行測驗，看學習者各方面的能力、才華，或者品德是否達到標準。孔子教學也是這樣，他希望學生三年學成能夠成爲人才。成爲人才也許只需要三年，而人格的漸趨完美則需要一輩子的努力。

【第127講】

《論語・泰伯第八》第十七章很簡短：

子曰：「學如不及，猶恐失之。」

意思是：

孔子說：「學習時要像趕不上什麼一樣，趕上了還擔心會失去呀。」

短短一句話，闡釋了學習的心得。

首先，學習的心情要像趕火車一樣，眼看趕不上了，快一點、再快一點，可別遲到了，車子不等人的。我們學習的時候，從小學、中學、大學一路上去，如果趕不上，只好慢一年、慢兩年，可是耽誤的時間一去不復返了。爲什麼說就算趕上了，還擔心會失去呢？比如說，我與同齡人一樣，都讀了大學。我趕上了，可是我擔心會忘記了所學的知識，怕將來還會失去。如果人一生都有這樣的心態，一定就能積極向學。

我在美國上學的時候有一位老師，是一位歷史學家，就是余英時先生，他的學問非常好。我當時每星期都要向他報告學習心得。他一邊聽著，覺得有問題就看我一眼。我立刻明白，也許是講得太快了，也許是觀點有問題，就再做詳細解釋。幾年後，我在畢業之前去請教他博學的秘訣。他告訴我，秘訣就是：從年輕的時候開始，每天晚上睡覺前都要問自己：今天過去了，我有沒有學到新東西？如果有，就安心睡覺；如果沒有，就到書房找一本書來閱讀，一定要確定掌握了以前不知道的知識，才放心去睡。比如喜歡讀歷史的朋友，看著一套《二十四史》百十來冊，覺得怎麼可能都念完呢？但是如果養成習慣，每晚睡覺前拿一本，翻兩三頁看完一個完整的故事，長期積累下來，進度便非常可觀了。家裡有些書匆忙買來，沒時間看，甚至還有父母或長輩留下的整套百科全書，睡覺以前翻開來看看，舉凡天文、地理⋯⋯漸漸就明白了。余英時先生便是如此，數十年如一日，所以他的知識面非常廣。我向他請教任何問題，他從來沒有說過不知道或沒興趣。他可以從一點出發，拓展出去，談及很多相關的有趣問題。他博學的秘訣，就是「學如不及，猶恐失之」。此外，還可以參照一段子夏的話：「日知其所亡，月無忘其所能，可謂好學也已矣。」每天知道一些自己原來不知道的，每個月再設法復習，不要忘記已經掌握的知識，這樣的作法可以稱爲好學了。「日知其所亡」，就是每天知道自己所沒有的。後來，明末清初的大學者顧炎武據此將自己的著作定名爲《日知錄》，就是每天學一點東西並把它寫下來。

所以，學習的秘訣就是每天學一點新東西，持之以恆。也許有人會問，學新東西，需要規劃學習方向嗎？這要看個人興趣。我自己閱讀的時候，最關注的是我的本業哲學。此外，我對古希臘文化、宗教以及教育特別有興趣，總覺得這些東西應該與哲學參照學習，否則只講哲學，都是抽象的概念，太枯燥乏味了。所以，古代文化，尤其是包括了哲學、文學、戲劇、神話的古希臘文化，對學習哲學大有幫助。比如，希臘神話有各種複雜的版本，那些有趣的神話都有象徵意義，是西方人學習的重要材料。在宗教方面，《聖經》是西方世界人人必讀的書。我們今天如果想了解人類文化的發展，就必須知己知彼，《聖經》是不能繞過不讀的。

總之，每天所讀的書，不宜太過零亂瑣碎，最好有個大的方向。比如說學數學的人，不妨看看物理、化學類的書，人文的也不錯。歷史上，有些科學家的人文知識非常豐富；也有些人文學者，對於自然科學的基本觀念更是熟諳於心。我對自然科學很生疏，上課時偶爾提及與哲學有關的現代科技發展，自己講的時候就很擔心，生怕出錯。理工科的學生一聽我講什麼相對論、測不準原理、熱力學第二定律，就瞪著眼睛準備挑毛病。雖然我備課時也查了很多資料，但是只能就事論事，一旦別人追問，就講不清楚了。所以，學習確實不容易，需要一輩子的時間。不過，學習很有趣，不同學科的對照更是妙趣橫生。

【第128講】

《論語・泰伯第八》第二十一章，也就是這一篇的最後一章，原文：

子曰：「禹，吾無間然矣。菲飲食而致孝乎鬼神，惡衣服而致美乎黻冕，卑宮室而盡力乎溝洫。禹，吾無間然矣！」

孔子說：「禹，我對他沒有任何批評啊。他吃得簡單，對鬼神的祭品卻辦得很豐盛；他穿得粗糙，祭祀的衣冠卻做得很華美；他住得簡陋，卻把全部力量用在溝渠水利上。禹，我對他沒有任何批評啊！」

這是孔子對禹的稱讚。禹的事蹟，大家都很熟悉。他生活在堯舜時代，他的父親鯀本來負責治理洪水，但是錯誤地採用了圍堵的辦法，失敗了，被舜處死。禹接替他父親的工作繼續治理洪水。他改用疏導的辦法，順著水性開運河或支流，把洪水引走，從此洪水不再氾濫，天下太平。同樣道理，教育也不能防堵，而要疏導。比如說，宋朝學者把人性分爲兩面，一面叫做天理，是善的；一面叫做人欲，是有問題的。所以，他們的結論是人生的修養必須「存天理，去人欲」。事實上人欲怎麼能去得掉呢？比較合理的說法應該是，順著人欲設法疏導，讓它有一個正常的出路。如此一來，社會自然而然比較安定了。禹採用疏導的方法治水效果很好，於是，舜就把帝位傳給了禹。

首先，孔子說：我對禹沒有任何批評。因爲一個人能夠把洪水平息，對百姓的恩澤實在是太大了！在人類歷史上，古代很多地方都發過洪水。《聖經》上就有諾亞方舟的故事。洪水來了，只有諾亞一家人跟他方舟上的那些動物得以存續。事實上，在別的經典，甚至希臘神話中，都有洪水滅世的故事。這類故事反映的事實是人類用理性改造自然，使之更適合人類的生活，但造成了自然生態的破壞，所以，傳說中的洪水代表了自然界的反撲。孔子將禹的德行分爲三個方面。第一，他自己吃得很簡單，但是對於鬼神、祖先的祭品卻辦得非常豐盛，這是感恩的表現，一個人要懂得感恩，要報本反始，感謝我們的祖先。一個人終其一生能吃多少呢？豪華貴重與否其實並不太重要，吃飽就好，健康就行。我們現在更清楚了，吃的東西比較粗糙，反而更健康；食物太精細，營養反而不均衡。孔子非常讚賞禹的選擇。在此請特別注意，孔子用了「孝」字，「致孝乎鬼神」。很明顯的他把鬼神當作祖先，否則不會用這個字。這再度證明，孔子口中的鬼神並不特別神秘，單純地指我們的祖先。第二，禹的穿著很粗糙。他早期在外工作，三過家門而不入，習慣穿得簡單。但是，在祭祀的時候所穿的衣冠卻非常華美。祭祀是一個盛大的儀式，此時，服裝不再是個人的事，而是大家的事，要讓天下百姓都感受到非凡的隆重與莊嚴。孔子在三件事上推崇大禹，其中的兩件都與祭祀有關，這證明在古人心中祭祀是國家最重要的事情。如果懂得祭祀，國家就是有源、有本、有祖先，便不至於偏離軌道，脫離原來的理想太遠。一個國家如果完全不談祖先，只關注現世，那一定是內部爭權奪利，外部戰爭頻仍。第三，孔子特別提到禹自己住得很簡陋，卻把全部的力量用在溝渠水利上，保證農業生產能夠順利進行，眞是勤勤懇懇爲百姓服務。他自己非常節儉刻苦，但是只要談到祭祀祖先，只要談到造福百姓，就不遺餘力，的確了不起，讓人佩服。所以，禹堪稱天子的榜樣。

這一章詳細地分析了禹，所以我們特別加以介紹。《論語》也提及了一些古代人物，孔子亦曾稱讚堯、舜，但都沒有完整論述。而孔子談到堯很偉大。天最偉大，堯則效法天。古人把帝王稱爲天子，也就是說，只有效法天的人，才有資格做天子，照顧百姓。舜也一樣，在孔子心中是不可忽略的聖王。《孟子》中提到禹的時候，也特別肯定他負責治理洪水，看到有人被水淹死，就好像是自己讓人被水淹死一樣。因爲他覺得這是因爲自己沒有盡到責任，未能控制洪水。我們到現在還使用出自這個故事的成語，就是「人溺己溺」。這就是所謂的仁者的胸懷。千萬不能認爲那些人與我們非親非故，天災人禍，誰能避免呢？我們從孔子對禹的稱讚中可以了解儒家的思想精髓：一旦接受了職位，就有責任照顧所有相關的人。做縣長，就要照顧全縣的人，有一個人不得安頓，就要想辦法解決；有一個人沒吃飽，就覺得是自己害他沒吃飽，要盡全力去救助。這種觀念是中國人的優秀傳統。讀書人一旦從政做官，心心念念想的都應該是老百姓，而不要謀求個人福利、升官發財，那是違背儒家原則的。這一點，我們從孔子所舉的各種例子，尤其是分析禹的篇章中可以得到很多啓發。我們雖然不一定能夠做到，但一定要樹立目標，向古聖先賢學習。

子罕第九

【第129講】

《論語・子罕第九》第一章，原文是：

子罕言利與命與仁。

「子罕言」，「罕」是少的意思。罕言，很少主動談到。我們曾讀過「子不語」，孔子不和別人討論怪力亂神。本章記載孔子很少主動談到三樣事：有關利益、命運與行仁的問題。仔細研究《論語》會發現，在整部論語中，「利」字出現十次，「命」出現二十一次，而「仁」字，大概出現了一百零幾次。孔子不是很少談到這些嗎？爲何「仁」出現了那麼多次呢？

我們先看第一點，孔子爲什麼很少談到利益。利益人人想得到，但是眞正得到利益的是少數人，所以利益談多了，大家的心就亂了。因爲很少有人能眞正抵抗得住利益的誘惑，孔子便很少主動去談。他曾說過「見小利則大事不成」，做事只看小利益的話，很難完成大事，因爲小的利益使人迷惑，使人忘記更大的目標、更高的理想，所以孔子不會主動與別人談起利益。所謂「放於利而行，多怨」，一切都依利益來考量來決定自己該做的事，一定會引來很多抱怨。

第二點，他也很少談到命運。關於命運，不能說沒有，因爲命運表明人在世間的遭遇，當然孔子也知道人是有命的。他的學生冉伯牛，德行非常好，卻生了嚴重的病，孔子就說，這麼好的學生，有這麼嚴重的病，這是命。所以孔子也了解命運是有的，但是不多談，談多了之後，可能會造成大家坐等命運的發生，而不肯腳踏實地進行該做的事。

第三點，孔子很少主動談到「仁」，而「仁」字卻出現了一百多次，因爲孔子所謂的「仁」，是和每一個人具體的行爲有關。每一個學生請教仁時，他都因材施教，樊遲三次請問，孔子依不同的情況，年齡不同、背景不同、條件不同，三次給的答案都不同。但他很少主動說明仁，也不曾爲仁字下一個普遍的定義，要大家都照著做就可以了。仁與道有些微差別，道是廣泛的人類理想，人生的正路稱爲「道」，而「仁」的概念是針對個人，行仁的方法需要自己去判斷。所以孔子說「我欲仁，斯仁至矣」，這個「我」就是行仁的主體，只要自己願意，就可以在身邊找到行仁的方法。

孔子很少主動談到利、命、仁，類似的態度在西方也有。比如希臘哲學家柏拉圖四十歲時，在雅典開始辦一所學院，這是西方最早的大學。有一次他作了一場演講，主題是「善」，很多人去聽，但聽了之後卻大失所望，因爲柏拉圖所謂的善，要從數學談起。柏拉圖認爲要懂得善，一定需要有抽象能力，數學和幾何是標準的抽象學問。如果想學習柏拉圖的思想，就要把一般生活上的需求放在一邊，不要考慮今天吃什麼、喝什麼。他的思想往往要從數學著手學習，他的學院門口掛一個牌子，上面寫著：不懂幾何學的人請不要進來。比如說，什麼是「圓」，天下並沒有圓，我們看到的是「圓的東西」，而非圓的本身，所以從圓的東西到圓，從方的東西到方，就是抽象。抽象使人擺脫具體的思維，有了抽象思維，才能研究數學。想理解他講的善，需要先懂數學，這樣才能夠一步一步抽象上去，最終才能眞正理解爲什麼善是人生最高的理想。

孔子教學生時也不喜歡談具體的利益，一談具體利益，會造成大家欲壑難塡。也不喜歡談命運，因爲命運有一部分是無奈的，孔子自己五十而知天命。所以他不願意多談這些。他談仁，則往往都是根據某一個學生的特點來加以說明。

【第130講】

《論語・子罕第九》第四章，原文：

子絕四：毋意、毋必、毋固、毋我。

孔子完全沒有四種毛病，就是：他不憑空猜測，他不堅持己見，他不頑固拘泥，他不自我膨脹。

第一點他不會憑空猜測。人都有好奇心，這原本無傷大雅。但如果我們不分是非地表達自己的猜測和想法，便很容易混淆是非。第二點，他不堅持己見。堅持非得如此，我們稱爲「必」。在論語中我們讀到孔子只有一件事情是堅持的，就是別人唱歌唱得很好時，孔子必使反之，一定堅持別人再唱一遍，這是孔子會堅持的狀況。在其他方面孔子並不堅持己見，因爲人很容易主觀，我個人認爲這樣最好，但是別人不一定這樣認爲。比如有的父母親常常用自己的經驗去決定孩子的愛好和興趣，但其實孩子並不快樂。父母希望孩子一生過得平穩，發展順利，所以他們往往會強加給孩子一些他們認爲正確的觀念，卻沒有考慮到年輕人有自己的興趣和志向，如果父母堅持己見，對子女可能造成壓力。第三點，他不頑固拘泥。孔子認爲學則不固，多方學習，就不會流於固陋。一個人爲什麼頑固呢？因爲他學識有限，知其然，而不知其所以然。這樣容易固執。一個人之所以要學習，就是因爲學習才能知天下，才能開闊自己的視野。第四點，當碰到特殊狀況時，容易亂了手腳，不知道該如何是好，多學習使人容易聯想到前人的經驗，並加以援引。所以，孔子不會頑固拘泥，也不自我膨脹。一個人在某方面有成就之後，很容易自我膨脹。比如，大陸現在熱衷國學，稍微懂一點國學，就會被人稱爲大師，這就是自我膨脹。有時候碰到一些記者朋友，也稱我爲大師，我很慚愧。學無止境，所以千萬不要盲目自我膨脹。孔子認爲自己最大的優點是好學，好學表明他對知識的渴望永遠不夠，就因爲他能夠好學，知道自己永遠不夠，才能成爲傑出的哲學家。

孔子的「絕四」與道家思想是相通的。老子也一再強調，一個人不要自以爲是，才能夠看清事情，一個人不要認爲自己所看到的是唯一正確的事情，他才能夠明白道理。老子曾說：「不自是故彰，不自見故明，不自伐故有功」，不要自己誇耀，就有功勞，若自己誇耀之後，別人發現你已經誇耀了，何必再稱讚你有功勞呢?同時，老子也強調三去：「去甚、去奢、去泰」，「甚」是過度，要去掉過度的欲望；「奢」指奢侈，要去掉奢華的生活；「泰」就是得意，要去掉得意的神情。我把這些稱作「三去」。我們記得孔子有「三忘」：「忘食、忘憂、忘老」，老子有三去：「去甚、去奢、去泰」，這都是很好的修養方法。我們學習儒家時，可以借鑒道家，他們的思想有多處不謀而合，所謂英雄所見略同。對照孔子與老子的思想，發現他們對欲望，對固執，對自我膨脹都奉行減法哲學，這對我們每一個人來說都有現實的參考價值。

【第131講】

《論語・子罕第九》第五章，原文是：

子畏於匡，曰：「文王既沒，文不在茲乎？天之將喪斯文也，後死者不得與於斯文也；天之未喪斯文也，匡人其如予何！」

孔子被匡城的群眾所圍困，他說：「周文王死了以後，文化傳統不都在我這裡嗎？天如果要廢棄這種文化，後代的人就不會有機會學習這種文化，天如果還不要廢棄這種文化，那麼匡人又能對我怎麼樣呢？」

《論語》裡提到孔子有兩次生命受到威脅，差一點被害。第一次是桓魋想殺孔子。本章所說是第二次，在匡城被圍。爲什麼被圍困呢？一說孔子到了匡城，而匡城的百姓從前曾經被陽貨鎮壓。陽貨是季氏的家臣，大權在握。據說孔子的長相與陽貨很像，所以被誤會以爲是陽貨來了，他們要報仇。這個說法我不太能夠接受，因爲根據描述，孔子的長相很特別，身高一百九十二公分，額頭還凹進去了一點，陽貨在這兩點上能和孔子一樣，實在很難想像。另外一種說法比較可靠，陽貨鎮壓匡城的時候，替他駕車的人名叫顏刻，而孔子來到匡城替他駕車的也是顏刻，別人一看駕車的人是顏刻，就推斷車裡坐的人有可能是陽貨，所以就一傳十，十傳百，大家就把孔子一行人圍住了，情況非常危險。《莊子》提到了這一段，寫得非常生動，當時學生們非常緊張甚至害怕，問老師要不要殺出重圍，孔子說別擔心，並拿出他的琴來，開始彈琴唱詩。到了晚上，外面包圍的群眾聽到裡面有人在彈琴唱詩，不像是陽貨的作風，陽貨是個粗人不會這麼文雅，再一打聽是魯國的孔丘，知道圍錯人了，於是帶刀大哥就向孔子道歉，並請他們離開。在這個危險的關頭，孔子鎮靜地彈琴唱詩，說明孔子的自信，文不在茲乎，文化傳統不就在我這裡嗎？掌握了歷代的思想精華，他如果不幸死於非命的話，文化傳統不就斷絕了嗎？上天如果不讓文化滅絕，匡人能對我怎麼樣呢？就好像桓魋包圍他，他說「桓魋其如予何」一樣，都是充滿自信的話。《朱子語類》裡面特別提到這樣的史料。學生問朱熹先生，萬一匡人一定要殺孔子怎麼辦？朱熹說：那也只好認了。萬一眞的出了事，孔子照樣問心無愧，因爲是匡人的誤會，並且天命如此，人又奈何？就好比孟子後來說的，上天如果不想治理好百姓，那就罷了，上天如果想治理好百姓，當今之世舍我其誰？這是孟子的話，多麼有氣魄。但是可惜孟子也沒機會，他只能感歎而已。一個人活在世界上可以立志，但是是否能實現和完成卻由不得人。孔子在面對生命危險時，表達了自己最深刻的信念。把天抬出來，作爲他的後盾與靠山，因爲他相信自己是在奉行天命，順天命。

匡城被圍事件，顏淵不在現場。顏淵第二天才趕到。孔子看到顏淵很高興，因爲在這種患難的時候，看到自己心愛的弟子實在是很高興。孔子居然說：昨天沒看到你，我還以爲你遇害了呢。顏淵說：老師，您還活著，我怎麼敢死？這顯示孔子和學生之間的深厚感情。但是事實上，顏淵卻比孔子早兩年過世，他沒有守住諾言。

【第132講】

《論語・子罕第九》第六章，原文：

太宰問於子貢曰：「夫子聖者與？何其多能也？」子貢曰：「固天縱之將聖，又多能也。」子聞之，曰：「太宰知我乎。吾少也賤，故多能鄙事。君子多乎哉？不多也。」

太宰向子貢詢問：「孔先生是一位聖人吧，他竟有這麼多才幹。」子貢說：「這是天要讓他成為聖人，並且具有多方面的才幹。」孔子聽到這段話說：「太宰了解我呀，我年輕時貧困卑微，所以學會了一些瑣碎的技藝，一個君子需要具備這麼多才幹嗎？我想不需要的。」

太宰和子貢是朋友，他聽說很多有關孔子的事蹟，所以向子貢請教，說：孔先生是位聖人吧，竟有這麼多才幹。這句話說明當時認爲聖人便是有很多才幹的人，什麼都會，什麼都懂。因爲「聖」字，原意就是聰明，左邊是耳朵，耳聰目明，聽到了就懂。「聖」表示聰明、能幹、多才多藝。孔子對六藝都非常嫻熟，對於治理國家也都很在行，他培養的學生中也出現了很多人才。

子貢口才很好，他並沒有糾正太宰關於聖人與才幹關係的誤解，他表達他的想法：是上天要讓我們老師成爲聖人，同時還讓他具備多方面的才幹。子貢明瞭成爲聖人與才幹多不見得能畫上等號，他這一回答非常好，既表達學生對老師的推崇，在太宰面前也講得很得體。這一段對話傳到孔子耳中，他說：太宰了解我呀。孔子想解釋的不是關於聖人，而是要解釋自己爲何能多才多藝，因爲太宰認爲孔子才幹很多，所以他說太宰了解我。他說，吾少也賤故多能鄙事啊，我年輕的時候貧困卑微，所以學會了一些瑣碎的技藝。鄙事就是瑣瑣碎碎的事情。但作爲一個君子需要具備很多的才幹嗎？不需要的，君子多乎哉？不多也。

孔子不是生下來就偉大，就是聖人的，他也跟我們一樣，從小慢慢成長，認眞學習，不斷改善，最後才能爲聖人的。做一個君子需要很多才幹嗎？其實不見得需要。多才多藝當然好，但是更重要的是做人要堅持善的原則，讓自己的人格日趨完善，這才是重要的。

接著的〈子罕第九〉第七章，原文：

牢曰：「子云：『吾不試，故藝』。」

牢說：「老師說過：『我沒有機會發揮抱負，所以學會了不少技藝。』」

牢是孔子的學生，有關他的個人資料後世所知不多。他聽過孔子說過的一句話，將它轉述出來。他說，我聽老師說過，我沒有機會發揮抱負，「試」在古代是被任用的意思，孔子說自己，沒有機會被任用發揮抱負，所以學會了不少技藝。因爲沒有機會做官，在閒置的時間就儘量去學習，包括木工，車工，做弓箭，孔子都很精通。他只要看到自己不懂的專業知識，都要請教，眞的是學不厭，到最後可以集其大成。如果說一直沒有機會在社會上發揮抱負，不要抱怨，也不要浪費時間，要積極學習，積累更多的知識和技能，才能更進一步去造就自己，一旦被任用之後，平時所學就能派上用場。我們在年輕的時候要儘量充實自己，不要等機會來了，才發現準備還不夠。當然，也可以一邊工作，一邊學習。如果等自己各方面的技能掌握了才去實踐的話，可能又會錯過大好的時光。我的一位老師說過：Now or never，現在就做，否則永遠別做。這也是我們要學習的，現在能做什麼就儘量做，一旦有機會便儘量施展所學，並在工作中學習新的知識和技能。人有時候要一面做一面學，西方稱爲「在做中學」，在做事的時候不斷地學習，學習是永無止境的。

【第133講】

《論語・子罕第九》第八章，原文是：

子曰：「吾有知乎哉？無知也。有鄙夫問於我，空空如也，我叩其兩端而竭焉。」

孔子說：「我什麼都懂嗎？不是這樣的，假設一個鄉下人來問我，態度誠懇而虛心，我只是就他的問題正反兩端詳細推敲，然後找到了答案。」

這段話代表孔子的教學心得，這次所教的這個人，其實不是他的學生，而是所謂的鄙夫，就是一般的鄉下人，看起來比較粗野，沒有受過什麼教育。所以孔子說，「吾有知乎哉，無知也」。蘇格拉底也曾說過，他只知道一件事，就是他是無知的。但是孔子比較早，孔子的年代，是西元前五五一年至四七九年，孔子過世之後十年，蘇格拉底才誕生。蘇格拉底公開承認自己是無知的，就因為承認無知，在神明看來他才是整個雅典最有智慧的人，因為其他的人連自己無知都不知道。這聽起來很反諷。

孔子雖然很有學問，但是對於如何回答別人的問題，也沒有把握，因為永遠不知道別人會提什麼問題。孔子形容這位鄉下人空空如也，空空如也表明他的態度誠懇而謙虛。孔子如何回答呢？叩其兩端而竭焉，我就他的問題正反兩面好好推敲，就可以給他答案了。

這種方法非常高明，因為眞正能夠回答的人，常是提問人自己。老師只能幫助分析利弊兩端，然後讓你權衡和考慮如何取捨。所以作為一個老師並沒有標準答案，只能提出意見供人參考，如何取捨和拿主意完全靠自己。其實這也是一種思維方法，叩其兩端，叩兩端之後，就能權衡利弊，可以選一端或者折中，都是可行的。

學習這一章，還有一點要特別提及，這位鄉下人來請教孔子的時候，有沒有帶肉乾？這是我放不下的問題，因爲我實在是很擔心大家流傳一些誤解孔子的說法，認爲孔子大概是收肉乾吧，所以一有機會我就再三澄清。鄙夫請教孔子，孔子沒有收肉乾，因爲孔子身爲老師，他最想做的是回饋社會。他年輕時十五歲立志求學，曾經問禮於老子，習樂於師襄，這些人都沒有收他肉乾當學費，所以孔子學成了之後要回饋社會，他很樂意提供給求學的人正確的觀念，這是我們要學的孔子。

【第134講】

《論語・子罕第九》第十一章，原文：

顏淵喟然歎曰：「仰之彌高，鑽之彌堅，瞻之在前，忽焉在後。夫子循循然善誘人，博我以文，約我以禮。欲罷不能，既竭吾才，如有所立卓爾。雖欲從之，末由也已。」

顏淵讚歎一聲說：「越抬頭看，越覺得崇高，越深入學，越難以透徹，看起來是在前面，忽然又到後面去了，老師很能循序漸進地帶領學生，他以文獻知識廣博我的見解，又以禮制和規範約束我的行為，使我想停下來都不可能，我盡了全力之後，好像學會了立身處世的本領，但是當我想要再進一步追隨老師，卻又找不到路可以走了。」

這段話自古以來被認爲是學生們對孔子最可信的描述，因爲顏淵平常很少說話，他如果要說話，一定是很有把握，那麼以他對孔子的觀察，做這樣的描述，確實是非常可信的。仰之彌高，鑽之彌堅，老師年紀比他大三十歲，從年輕人的角度看老師，覺得老師很崇高，研究老師的學問發現非常地深刻，遠非自己所能理解。瞻之在前，忽焉在後，有人說，這是顏淵的心得描述。學習老師的學問，總覺得難以把握，好似掌握了，其實離老師的學問還很遠。循循善誘是孔子教育的一大特點，他不強求學生一夜悟道，他尊重每一個學生的特點，循序漸進，讓學生一天一天進步和改善。接著，顏淵講他個人的心得，他說老師教我的時候，特別重視兩件事，第一是文，第二是禮。文指文獻知識，老師教《詩經》，教《書經》，教《易經》，這麼多的知識讓我的眼界心胸非常開闊。多讀書讓人不會太執著、太封閉、太狹隘。在行為上用禮來約束我，行為如果沒有禮的約束，就只能順著本能的衝動去發展，那麼很少會有理想的結果。所以用文使我博，用禮使我約，一博一約，這不就是我們學習的秘訣嗎？知識上儘量廣博，行為上儘量約束，長此以往，一個人慢慢就作到既能夠收斂也能夠放開。顏淵說我已經盡了全力之後，好像學會了立身處世的本領。可以出來做官，服務於社會了，但是，當我想要再進一步，追隨老師，又找不到路可以走了。

何以顏淵會有找不到路的迷惑？因為「不惑」是很難做到的。一個人三十歲可以在社會上立足，但是遇到各種問題時，卻很難無惑。經過一番歷練後，四十歲大約可以不惑。顏淵說這段話時肯定還不到四十歲，因為他只活到四十歲。所以他說想跟隨老師又找不到路，遇到困惑不知道如何作出判斷。顏淵是孔子最傑出的學生，但是他並沒有出任官職，也許他始終覺得時機還不夠成熟。前面說到德行科第二名的閔騫，季氏曾經派人找他去做官，他推辭，並說再找我的話，我就要逃到齊國去了，不再留在魯國了。這是良禽擇木而棲，不能饑不擇食，若不擇食，這一生的德行學問就會被糟蹋了。顏淵也一樣，他從二十五歲到三十七、八歲，都跟著老師周遊列國去，沒機會做官，但是他沒有任何遺憾，因為能跟隨老師不斷地學習。

孔子和學生討論事情，往往先問子路，再問子貢，最後問顏淵，這樣的提問是由低往上一層一層升高，很有趣。子路的回答一定很直接，回答層次比較具體；子貢會比較高一些；顏淵的回答則境界最高。這三個學生有一次一起聊天，子路說任何一個國家讓我當政治領袖帶領軍隊，別的國家一定不能與我國有衝突，因為我們可以用國防武力來保護自己。子貢是外交家，說任何國家由我當外交官，就不會打仗了，如此一來子路就失業了。輪到顏淵發表見解，他說我是用德行來治理，連外交官都不需要了。因為任何國家用德行來治理，恐怕兩位同學都失業了。

【第135講】

《論語・子罕第九》第十二章，原文：

子疾病，子路使門人爲臣。病間，曰：「久矣哉，由之行詐也。無臣而爲有臣，吾誰欺，欺天乎？且予與其死於臣之手也，無寧死於二三子之手乎。且予縱不得大葬，予死於道路乎？」

孔子病得很重，子路安排學生們組織治喪處，後來病情緩和些。孔子說：「這段時日以來，由的做法太偏差了，不該有治喪的組織卻假裝有，我想欺瞞誰呢？難道要欺瞞天嗎？我與其在治喪的人手裡過世，不如在你們幾位學生的手裡過世，我就算得不到隆重的葬禮，難道就會死在路上沒人管嗎？」

這段話聽起來讓人覺得傷感。孔子病得很重，可能有生命的危險。子路只比孔子小九歲，身爲大學長，一般同學都聽他的吩咐，他便組織了一個治喪處。在古代的社會，具有大夫的官職者，可以有這樣的組織。孔子在晚年的時候並沒有正式的官位，他不應該有這種組織。但是子路覺得，反正同學很多，大家分工來做治喪的工作也是可以的。但是這就違背了孔子的原則，因爲做任何事都要符合身份，合乎禮的要求。孔子很重視規範和禮，他一向認爲社會如果不講究禮，就會混亂。後來孔子病情稍微緩和，便責怪子路，說他做法太偏差了，我目前不應該有治喪的組織，你卻加以組織，要騙誰呢？難道要欺騙天嗎？天對孔子來說意義非比尋常。孔子曾經與南子見面，子路很不高興，孔子便發誓「天厭之」，我如果做錯了，天討厭我。他在衛國，別人拉攏他，他說不行，得罪天，沒有地方禱告。本章，他說我還要欺騙誰呢？難道要欺騙天嗎？從這幾個例子我們就知道，天是孔子信仰的對象。一個人有信仰，才會用盡一生努力向善，最後止於至善。「天將降大任於是人也」，就要先讓人苦其心志勞其筋骨，成爲人才後，天才交給你重任，這是孔孟的一貫的信仰。人的生命總是會結束的，有信仰就會使短暫的生命顯示出特殊的價值。

縱觀孔子的一生，他是個非常不幸的人，三歲時父親過世，根據《史記》的記載，十七歲時母親也過世了。後來他的同父異母的哥哥也比他早過世，哥哥的女兒由他安排嫁給他一位很好的學生。他後來周遊列國，大約六十七、八歲左右，夫人過世了，因爲有戰亂，無法回去替夫人辦後事，由他的兒子來負責。到七十歲的時候，他的兒子也過世了。所以孔子才會說，就算是沒有隆重的葬禮，難道會死在路上沒人管嗎？他說這樣的話，同學們聽了心裡一定非常難過。

後來孔子過世後，學生們就在墳墓邊一起替他守喪三年。這本來是一個兒子要做的事，但兒子已經走了，所以由學生來做。這是很令人感動的故事，經過孟子的記載，司馬遷寫《史記》，寫到孔子時還特別到曲阜去，在孔子墳前繞了幾圈，低迴不已，緬懷這位偉大的聖人。

【第136講】

《論語・子罕第九》第十三章，原文：

子貢曰：「有美玉於斯，韞櫝而藏諸？求善賈而沽諸？」子曰：「沽之哉，沽之哉！我待賈者也。」

子貢說：「假設這裡有一塊美玉，是把它放在櫃子裡藏起來，還是找一位識貨的商人賣掉它？」孔子說：「賣掉吧，賣掉吧，我是在等待好商人。」

這段話非常生動。如果想學習如何說話，練習自己的口才，那就學子貢吧。子貢說話，確實很有技巧。推測這段話的背景，應是子貢想老師這麼有學問，這麼有德行，爲什麼不去做官。但他不直接問，直接問有點唐突。他把老師比喻爲一塊上等的玉，然後問老師，是把它藏在櫃子裡面？還是找一個識貨的商人賣掉它？「賈」是商人，「沽」是價錢，今天用法和以前不太一樣，今天講賈(gǔ)(ㄍㄨˇ)，古代講商賈，行商坐賈。坐賈指做生意是開有店面的，行商是到處奔走，把貨物從這裡運到那裡去的。而孔子等待的賈者，是指一個國家的領袖，眞正賞識孔子、了解孔子才能的人。

這整段話，是一個比喻。學生把孔子比喻成美玉，所以孔子說：賣掉吧，賣掉吧，我是在等待識貨的商人，孔子也認可這個比喻。孔子當然有「等待賈者」的自信。他曾經說過，若有人任用我，一年就有小的表現，三年一定有可觀的成就。孔子後來做官，也確實做得不錯。五十一歲出來做官，在魯國擔任中都宰，就是中都縣的縣長，一年之後中都縣成爲全國的模範縣，他所制定的法令規章各縣都來學習。第二年立刻升官，升到中央，在魯國的中央部會擔任小司空，小司空就是司空的副手。空就是挖洞。古代是在山壁挖個洞當住房，或者在地下挖個洞當住房。司空，就是負責挖洞讓百姓住的，到後來變成一個官名，專職工程建設的。孔子任小司空，負責工程建設，不到一年升官，升到司寇，那就是大夫了。是正式大夫之家，所以他才能夠任用他的學生當他的家臣。司寇是管治安的，很多老百姓一聽到孔子當司寇，馬上改善自己。以前有人賣羊，先把羊灌水讓牠膨脹，可以加重斤兩，多賣一點錢，孔子任司寇以後沒人敢再灌水，大家都知道孔子執法非常嚴格。孔子任職時一切依法辦事。不到一年，魯國治理得很好。當時的社會風氣是「路不拾遺、男女分途」，社會的治安非常好。到後來孔子行攝相事，等於是代理行政院長這樣的位置，正式的宰相是世襲官位，對一個老百姓來說，擔任代理宰相，已是最高的位置了。孔子儲備了各種才能之後，五十一歲才出來做官，一出來就有傑出的表現。可惜後來因爲魯定公沉迷於女色，對孔子保持距離，不願意再採納孔子的意見。

【第137講】

《論語・子罕第九》第十四章，原文：

子欲居九夷。或曰：「陋，如之何？」子曰：「君子居之，何陋之有？」

孔子想到九夷去住，有人說：「那種地方很簡陋，怎麼能住呢？」孔子說：「君子去住的話，怎麼會簡陋呢？」

這是第二次出現孔子想移民的情況。第一次想移民的時候，他對子路說：道不行，乘桴浮於海。我的理想不能實現，乾脆坐著木筏到海外，和我同去的就是子路吧。這一次，他要到南方去，古代的九夷在齊國魯國的南方，比較偏僻落後。古代的中原地區都是文明的國家，往南方走是楚國，周圍還有一些比較小的、有很多原住民的地區，文化相對落後。所以有人對孔子說那種地方很簡陋，你怎麼能住呢？孔子說，君子居之，何陋之有？君子去住，怎麼會簡陋呢？因爲君子重視的不是生活上的舒適，作爲一個君子看重的是可以從事教化活動，到比較落後的地方，正好可以教化當地的百姓，至於生活條件的簡陋，根本不會放在心上。他有明確的價值觀，就是要實現理想。

【第138講】

《論語・子罕第九》第十六章，原文：

子曰：「出則事公卿，入則事父兄，喪事不敢不勉，不爲酒困，何有於我哉？」

孔子說：「在外服侍有公卿身份的人，回家侍奉長輩親人，為人承辦喪事不敢不盡力而為，不因為喝酒而造成任何困擾，這些事情我做到了多少？」

孔子提過兩次「何有於我哉」，一次是子曰：默而識之，學而不厭，誨人不倦，何有於我哉。這裡是第二次。何有於我哉，既不是說何難，好像很容易一樣；也不是說我什麼都沒有，好像很困難一樣；何有於我哉，應當理解爲：這些事情我做到了多少？

出門在外就要服侍有公卿身份的人，古代很多人做官之後退休回到老家，他因爲做過官對國家有貢獻，因爲他們對國家有功，旁人服侍他們，是對他表示尊重。古代退休官員會穿特製的服裝，讓人知道他已經退休了，不是現任的官員，這時候旁人就要服侍他們。其次，回到自己的家族裡面就要服侍長輩。孔子父親很早過世，他的哥哥也比他早過世，所以父兄是指同一個家族的長輩。喪事不敢不勉，這句話是孔子以替別人辦喪事作爲主要職業的有力證明。孔子的學生曾說，老師在家裡有喪事的人旁邊吃飯，從來不曾吃飽過。這說明孔子的感情非常眞摯，絕不因爲說我已經把這個當職業了，而產生職業的倦怠，變得麻木和沒有感情了。孔子很眞誠，只要看到別人家裡面子孫這麼哀傷，他也吃不下飯。最後，《論語》裡只有兩段話提到孔子喝酒，這裡是一句，不爲酒困，不會因爲喝酒造成任何困擾，另外一句是「惟酒無量，不及亂」，說孔子喝酒沒有規定分量，但絕不會喝醉。這就說明他生活上每一個細節都符合禮和規範。

【第139講】

《論語・子罕第九》第十七章，原文：

子在川上曰：「逝者如斯夫，不舍晝夜。」

孔子站在河邊說：「消失的一切就像這樣，白天黑夜都不停息。」

希臘時代有一位哲學家，赫拉克利特，曾說過一句話：人不能兩次把腳放在同樣的流水裡。這句翻譯聽起來有一點笨拙，我們可以翻譯得文雅些：「濯足長流，抽足復入，已非前水」。在河流裡面洗腳，當你把腳舉起來，再放下去的時候已經不是原來的水了，第一次腳放下去時所接觸的水已經流走了，過去了。這句話提醒我們時間一去不再回來，世間充滿變化。

《易經》的易就是變化，但是變化有變化的規則，只要掌握了規則，再怎麼變都不會離開它的大原則，所以《易經》是古人偉大智慧的表現。孔子與他的學生們也研究《易經》，研究《易經》的傳統從孔子開始，傳到第十代是司馬遷的爸爸，司馬談。這個傳承，大家長期合作寫成了《易傳》。今人學《易》，會讀到《易經》，這是最原始的經典，材料很少；也會讀到《易傳》，是對《易經》的理解與解釋；還會研究易學，把《易經》用在各方面，那就非常複雜了。《易經》乾卦裡說「天行健，君子以自強不息」，天體的運行剛健不已，君子要設法自強不息。自強不息，就是每天都要培養更好的德行，因為人在這一生裡，只有在德行上可以一直自強不息到生命的結束。坤卦則說「地勢坤，君子以厚德載物」。清華大學的校訓就是這八個字：「自強不息、厚德載物」。孔子說，逝者如斯夫，不舍晝夜。別擔心，只要我們有目標、有方向，繼續努力，每天都是新的一天，只要努力，就會有新的收穫。

【第140講】

《論語・子罕第九》第十九章，原文：

子曰：「譬如為山，未成一簣，止，吾止也。譬如平地，雖覆一簣，進，吾往也。」

孔子說：「譬如堆土成山，只要再加一筐土就成功了，如果停下來那是我自己停下來的。譬如在平地上，即使才倒了一筐土，如果繼續做，那也是我自己向前進的。」

這段話顯然是一個比喻。《尚書》有言：「為山九仞，終虧一簣」，要去造一座山，如果少一筐土，終究還是沒有成為九仞的山，孔子就用了《尚書》裡的典故，說想要造一座山，只差一筐土就完成，停止的話是我自己停止的。就好像參加運動比賽，到最後一個階段放棄了，畢竟還是沒有完成。如果在平地上才倒了一筐土，但是這是個開始，如果繼續倒的話，將來會積累到達完成一座山，也是我自己前進的。

這段話之所以重要，是因為特別強調個體。很多人談到儒家的思想，都會強調儒家不重視個人、不重視個體。只重視人際網路，把一個人看成是家庭、社會、國家裡的一分子，而這個分子似乎沒有獨立性，得隨時注意到相對關係、相互關係。這樣就使得中國人一般來說比較缺乏個性，個人的生命自己不能完全主宰。而西方文化則比較重視個體，因此人的個性比較鮮明，每一個人都有自己的規劃，和不同於父母的獨立想法。在西方家庭裡面，孩子都顯得比較活潑，父母也儘量用欣賞的眼光來看待孩子。西方的教育中非常重視對個性的培養。有人覺得我們中國人受儒家影響，好像不太重視個性，其實不然，眞正的儒家到孔子、孟子以後幾乎看不到了。從漢朝開始儒家變成統治的技術，變成統治階級約束老百姓的一種手段，要求忠、要求孝、要求人有各種倫理規範的約束。

孟子引述孔子的話說：「自反而縮，雖千萬人吾往矣」，我反省自己發現自己對的，就算外面有千人萬人反對我，我照樣向前走去，這不是有個性嗎？孔子說：我要堆成一座山，就算差一筐土，停下來是我自己停下來。在平地上我要堆土成山，就算是才倒了一筐土，要前進是我自己要前進。這也是強調個體的責任。儒家提倡的道德，一定是以個體爲基礎。從這一段我們知道，儒家是重視個人、重視個體的，自己要站起來，不要推卸責任，德行修養要完全自己負責。

雖然儒家的思想從漢代以後就變成一種束縛人的三綱五常，但是仍有它存在的必要性，它能維持一個社會的穩定。我們不能因此就說儒家忽略個性，或說中國人沒有個性。表達個性也可以放在堅持德行修養、堅持做人的原則上，但是要強調的是自己負責。這是儒家的思想。

【第141講】

《論語・子罕第九》第二十章與二十一章，這兩章放在一起，因爲談的都是顏淵，我們知道顏淵在孔子七十一歲時過世了，這對孔子來說是一個很大的打擊，因爲他是最好的學生，既有德行又好學，如果孔子的道統要往下傳的話，最適合的接班人就是顏淵，所以這兩段話應該是孔子對顏淵的某些回憶吧。

第二十章原文：

子曰：「語之而不惰者，其回也與。」

孔子說：「與他談話而從不顯得懈怠的，大概就是回吧。」

一個人能做到不懈怠，眞是不容易。比如梁啓超先生，他曾經把佛教的精神歸納爲三點：勇猛、精進、不退轉。這三點講得很好，勇猛精進大家都會，但是重要的是你不要退轉，顏淵不懈怠就是不退轉。像宰予，那麼聰明的學生，口才這麼好，白天卻還睡覺。人需要用意志力克服懈怠，不能隨順本能。說實在，像顏淵這樣的人太早離世，孔子感到非常惋惜。

第二十一章就是這個意思：

子謂顏淵曰：「惜乎！吾見其進也，未見其止也。」

孔子談到顏淵時說：「可惜他已經過世了，我只看到他不斷進步，沒有見到他停下來。」

孟子說：「雞鳴而起，孳孳爲善者，舜之徒也。」聽到雞叫就起床，起床之後便孳孳爲善，努力地、勤奮地、不停止地去行善，念茲在茲，舜就是如此。如果想學好，一早起床就開始找機會來行善，見到父母親孝順，見到兄弟姐妹友愛，碰到同學互相幫助，就可以與舜一樣，做到完美。

孟子又說了，「雞鳴而起，孳孳爲利者，跖之徒也」。跖也是個名人，《莊子》裡面有〈盜跖篇〉。「跖」前面加個「盜」，說明這個人是壞人、是個大強盜。在〈盜跖篇〉裡，莊子描寫他和孔子辯論，孔子辯不過他，當然這是莊子編的故事。如果聽到雞啼就起床，努力去求利的，那就是跖這種人，所以舜與跖代表兩個極端。端看學習者內心想仿效哪一位。

有一個曹國貴族曹交想向孟子學習，孟子覺得此人資質不太好，不想收他。一次曹交問孟子，周文王身高十尺，商湯身高九尺，他們都當帝王、當天子，我曹交身高九尺四寸，爲什麼只會吃飯呢？他居然以爲成就與身高有關，他認爲自己的身高介於周文王和商湯之間，這兩個人都當天子，那他應該也有當天子的機會。孟子一聽就覺得這種人難以教化。於是孟子對他說：你可以回家去了，穿上堯穿的衣服，說堯說的話，做堯做的事，久而久之就變堯了。如果穿上夏桀穿的衣服，說桀說的話，做桀做的事，久而久之就變桀了。

在道德修養的過程中，應該拿顏淵作爲榜樣，努力往前進，從不懈怠，從不停止。要進是自己進，要止是自己止，德行的修養要靠意志的配合。顏淵的表現特別傑出，是顏淵自己造就的。

《論語・子罕第九》二十二章，原文：

子曰：「苗而不秀者有矣夫，秀而不實者有矣夫。」

孔子說：「穀子生長了卻不開花的，有這樣的情形呀；開花了卻不結實的，也有這樣的情形呀。」

這段話是一種比喻，用來比喻人的修行過程。的確有些人努力了一陣子，稍有成就就停下來了，無法達到開花的目標。開花表示燦然可觀。也有的就算開了花也不見得有結果。一棵果樹要判斷是不是一棵好的果樹，要看它有沒有結果，到結果階段才能算是圓滿。人生也是一樣。

修養的秘訣有三個：第一直，第二義，第三道。直表示眞誠而正直；義即宜，正當該做的事；道表示人類共同的正路。孟子和孔子的思想是一脈相承。孔子認爲修行的時候不能著急，一定要紮根，就好像一棵果樹，根基深厚，葉子、花、果實才能夠一一展現出來。

【第142講】

《論語・子罕第九》第二十三章，原文是：

子曰：「後生可畏。焉知來者之不如今也？四十五十而無聞焉，斯亦不足畏也已。」

孔子說：「年輕人是值得敬畏的，怎麼知道他們將來會比不上現在的人呢？到了四十歲或者五十歲還沒有什麼好的名望，也就不值得敬重了。」

本章要分兩段來看，第一段是說，年輕人值得敬重，因爲我們怎麼知道他們將來不會比我們現在的人更好呢？我們也希望他們更好，社會才能進步，但這是需要努力的，並不是說年輕人一定更好。而另一方面，如果一個人到四十、五十還沒有什麼好的名聲的話，這個人也不值得敬畏了。古代的社會比較安定，基本上一個好人，到了四、五十的中年階段大家都會知道。意即四十、五十歲的人，一直都是做好人、做好事，一定有好的名聲。相反的，如果沒有走在正路上的話，一定也會有壞的名聲。

江山代有才人出，一代新人換舊人。年輕人應該知道自己的責任，要好好努力。要把祖先偉大的思想承接下去，並發揚光大。

【第143講】

《論語・子罕第九》第二十四章，原文是：

子曰：「法語之言，能無從乎？改之爲貴。巽與之言，能無說乎？繹之爲貴。說而不繹，從而不改，吾末如之何也已矣。」

孔子說：「聽到義正詞嚴的話，能不接受嗎？但是要改正過錯才可貴；聽到委婉順耳的話，能不高興嗎？但是要想通涵義才可貴。光是高興而不加思索，表面接受而實際不改。我對這樣的人是沒什麼辦法的。」

我們都知道孔子主張有教無類，但是對有些人孔子毫無辦法，本章就是一個例子。這段話裡有兩層涵義。第一層是法語之言，就是像法律一樣，義正詞嚴的話，法是規則、規範。比如我現在犯錯了，別人教訓我，說得是義正詞嚴，我拚命點頭稱是，承認錯誤，但是要改正錯誤才可貴。如果知道錯卻不改，比不知道錯更麻煩。有過錯一定要能改才可貴。一個人犯錯之後被別人指出來後會比較謙虛，心態也會比較柔軟，將來看到別人有錯時，通常會態度溫和地指出，讓別人更願意接受。

第二層是巽與之言，委婉順耳的話。對於委婉順耳的話要想通涵義才可貴。當別人稱讚我們時，要去思考他話裡的意思，因爲通常能對我們這樣講話的人，不是長輩就是同輩，他們對我們講委婉順耳的話定要多加琢磨，也許對方有一些話不便直說，所以比較委婉，希望能讓聽者有所省悟。

朋友相處的情況不脫此二者，一是說話很嚴肅，希望對方有錯就改；另一是說話很委婉，點到即止，希望對方想通其中的涵義。所以，孔子做了一個結論：如果一個人只是喜歡聽到一些好聽的話，而過後不去思索話中的涵義，他不會有所收獲；或者只是表面接受嚴肅的指摘，過後不去改正，孔子認爲這樣的人沒有辦法進步。

孔子是老師，直到今天大家仍尊稱他爲至聖先師，有三種人連他都慨歎沒有辦法教。除了本章所提到的之外，還有「鄉愿」使至聖先師搖頭，另外就是自己不知道自己該怎麼辦，不會獨立思考，這樣的人，孔子也無法給予指導和幫助。

【第144講】

《論語・子罕第九》第二十六章，原文：

子曰：「三軍可奪帥也，匹夫不可奪志也。」

孔子說：「軍隊的統帥可能被劫走，一個平凡人的志向卻不能被改變。」

古代百姓多是一夫一妻，兩相匹配，所以一般稱為匹夫、匹婦。匹夫意指一個平凡人，他的志向由自己負責，他可以自己掌握住，別人無法把它奪走。

《史記・刺客列傳》中的刺客都有一個特點：匹夫不可奪志。決定做一件事便百死而不悔。國外也有很多這樣的例子：羅馬時代，兩國作戰。一國抓到一個士兵，想要嚴刑拷問讓他屈服。結果這個士兵看到統帥前面有一個火爐，就主動把手放在火爐上烤，烤到手都發焦了，連敵人都看了難過，阻止他繼續烤下去。他為什麼這樣做呢？是要讓對方知道自己軍隊的每一個士兵都與他一樣勇敢。這個戰爭後來果然打不成，一個士兵為了明志可以把手當做煤炭來燒，這樣不可奪志的決心，的確讓一般人望而生畏。以這樣的人作為對手，誰能夠勝得過他呢？

周朝時，大國的諸侯擁有三軍，天子有六軍。三軍都保護不了一個統帥，但一個老百姓，他的志向在自己心中，沒有人可以奪走。這章特別提到志，志向是內心的事。在物質上可以一無所有，但是不能夠去干涉、影響、摧毀他內心的志向。人最可貴的就是一旦決定了要做的事，這一生都為達到這個目的而奮鬥。「衣帶漸寬終不悔，爲伊消得人憔悴」，伊，就是目標。衣帶漸寬，人日漸消瘦了，但是再怎麼樣辛苦，都要設法爲這個目標而奮鬥，人生不就是如此嗎？如果人生沒有目標、沒有奮鬥的意志，那就只是過日子而已，那樣的生命一點也不精彩。內心有志，天下沒有人可以改變和奪走你的志向，堅持志向的人，生命才有尊嚴。人生的價值如果離開了志，還剩下什麼呢？

【第145講】

《論語・子罕第九》第二十七章，原文是：

子曰：「衣敝縕袍，與衣狐貉者立，而不恥者，其由也與？『不忮不求，何用不臧』。」子路終身誦之。子曰：「是道也，何足以臧。」

孔子說：「穿著破舊的棉袍與穿著狐貉皮裘的人站在一起，而不覺得慚愧的，大概就是由吧？《詩》上說：『不嫉妒、不貪求，怎麼會不好呢？』」子路聽了就經常念著這句詩。孔子說：「這樣固然是正途，但是還不夠好呀。」

子路的志向是他的車、馬、衣服、棉袍要和朋友一起分享，用壞了都沒有遺憾。而子路也真的做到了他的志向，當有需要的時候，棉袍借給朋友，穿壞了，不遺憾，自己拿回來再穿。子路重視朋友的交情遠遠超過財物，他對吃什麼、穿什麼並不在乎，正好合乎孔子所說的士志於道，不以惡衣惡食爲恥的要求。一個讀書人既然追求正道，就不會因爲吃得不好、穿得不好而覺得可恥。子路做到了，所以得到孔子的稱讚：大概只有子路這樣的人能做到吧。

他接著念了一句出自於《詩・邶風・雄雉》裡的詩：不忮不求，何用不臧。一個人不要嫉妒別人，也不貪求享受，怎麼會不好呢。「臧」就是善，我們對人物加以評價，稱爲「臧否人物」，臧是稱讚、說他好，否就是貶抑、說他不好。子路聽到老師引用《詩經》的詩句來稱讚他，高興極了，終身誦之。「終身」不是一輩子，是整天的意思。整天念著不忮不求，何用不臧。孔子聽了之後就說，這樣固然是正途，但是不夠好。因爲只是不嫉妒、不貪求那都是消極的。孔子教學生，一定是從消極變成積極，要從不嫉妒、不貪求變成更好。子貢曾請教：「貧而無諂，富而無驕，何如」。孔子說比不上「貧而樂道，富而好禮」。這是標準的思考模式，從貧窮不要諂媚，富有不要驕傲，要轉向貧窮並以道爲樂，富有並愛好禮儀。這才是正面的、積極的，這也才是孔子的教育。從不做不好的事，到要做更好的事，這是孔子對子路很高的期許。

子路多次得到孔子的稱讚。孔子曾經想要移民到海外去，他選擇的學生就是子路。孔子還稱讚子路說「片言可以折獄者，其由也與」。單聽片面之詞就可以判斷案件的就是子路吧。在這裡我把「片言」翻譯成爲片面之詞，因爲孔子說只有子路做得到。既然只有子路做得到，一定與他的性格有關。子路的口才並沒有特殊之處，但是子路的個性非常剛正果決，所以他當判官的時候，就像包青天一樣，大家都不敢講假話，所以他聽到一面之詞就可以對事實加以判斷，主要是判斷講的是否是眞話。通常我們會認爲要兼聽雙方說法，才不會被蒙蔽，其實有時候反而會陷入迷惑。把「片言」理解爲「片面之詞」，不是我個人的發明，我所做的每一句解釋，古人都有類似的說法，只不過不見得被朱熹採納，我們學《論語》一般都以朱熹的注解爲準。其實歷代以來至少有四百位學者，寫過專門注解《論語》的書，我參考了許多家，並選用其中最合理的注解。

子路得到孔子多次稱讚，但是孔子希望他更好。不要因爲走上了正途就停下了腳步。人格的成長是永無止境的，修練自己是一輩子的事情。孔子就是最好的示範。

【第146講】

《論語・子罕第九》第二十八章，這章是一個比喻，並且很短。

子曰：「歲寒，然後知松柏之後凋也。」

孔子說：「天氣真正冷了，才會發現松樹與柏樹是最後凋零的。」

孟子說過：掘井九仞而不及泉，猶爲棄井也。挖一口水井，挖了九仞，還沒有水湧出來，這一口水井還是廢棄的水井。這說明很多人一輩子努力行善、做好事，用功念書，就如同挖水井一樣，挖到很深，但是沒有到水出現，還是白費力氣。行仁也在乎「熟之而已」。讓它成熟，做好事才能夠產生最後的效果。

孔子和學生曾在陳、蔡之間被圍，這時很多學生都生病了，子路心情非常不好，臉上充滿怒氣，對老師抱怨：君子怎麼也會這麼窮困呢？怎麼會陷入這種困境呢？孔子說得很好：「君子固窮，小人窮斯濫矣」。君子在窮困時依然堅持他的立場，絕不因爲窮困而放棄原則。孟子談到大丈夫有三點：富貴不能淫、貧賤不能移、威武不能屈，此之謂大丈夫。儒家認爲得到富貴的目的在於造福百姓，有了富貴才能有更大的能力照顧別人，但是一般人沒有這樣的志向和原則，就好像春天和夏天的花，時序入秋之後便消失了，人會沉迷於富貴，忘記原來的理想。而貧賤的時候壓力雖然更大，但也不能改變志向，在困境裡面更應該堅守情操。威武不能屈，武力威嚇一旦出現，再大的力量也不能讓大丈夫屈服。

儒家強調理與義，理表示合理性，只要說出來的話合理，我們就應該接受。義表示正當性，只要做出來的行爲是正當的，我們就應該尊重與認同。有一句成語「家貧出孝子，國亂顯忠臣」，家裡貧窮才看得出來誰是孝順的孩子。有錢人家，每個孩子好像都很孝順，因爲父母親擁有許多資產，可以給他們所有的東西，孩子對父母親既有禮貌又順從，在這種情況下孝順比較容易。但是家裡貧窮的時候，要孝順不容易。孩子要想盡辦法張羅，然後還要對父母表現和悅的神色，這時候才能看出誰是心甘情願孝順父母親，而沒有任何抱怨。就國家而言亦然，國亂顯忠臣，國家如果上軌道，人人都是忠臣，都願爲國家效力，因爲沒有什麼考驗；但是國家一旦陷入危難，便看得出誰仍然堅持原則，維繫國家的正氣。正如同歲寒，然後知松柏之後凋也。

【第147講】

《論語・子罕第九》第二十九章，原文是：

子曰：「知者不惑，仁者不憂，勇者不懼。」

孔子說：「明智的人沒有困惑，行仁的人沒有憂慮，勇敢的人沒有畏懼。」

這三句話在《中庸》裡面說得較爲具體：「好學近乎知，力行近乎仁，知恥近乎勇」。第一，知者不惑，一個人如果愛好學習就接近明智了。孔子說學則不固，多方學習就不會流於固陋，一個人最怕頑固又鄙陋。愛好學習，每天努力學習就接近明智的要求了，成爲知者之後便沒有迷惑。第二，仁者不憂，不憂就是沒有任何憂慮。如果做任何事都憑良心，都是眞誠由內而發去做，有什麼好憂慮呢？心中坦坦蕩蕩，不用煩惱。《中庸》說力行近乎仁，力行就是努力實踐。提倡的善是落在行爲上的，所以他才會強調力行近乎仁。知道何謂善而不去行善，其知也枉然，要眞的努力實踐，才能更加接近仁，「我欲仁斯仁至矣」，只要我願意主動去行仁，行仁的機會立刻出現。《莊子》描寫「眞人」。說眞人是「其寢不夢，其覺無憂」。眞人睡覺時不做夢，醒來後沒煩惱。莊子所謂的眞人，可以當做儒家所說的眞誠的人，也就是仁者，因此沒有煩惱和憂愁。

第三，勇者不懼，知恥近乎勇，一個人知道羞恥、有羞恥心便接近勇敢了。因爲有羞恥心的人能明確辨別所做的事情是否合宜，若做了不該做的事就覺得可恥，這樣就接近勇敢，以後不會再做了。我們經常把勇敢與道義相聯，稱爲見義勇爲。這也是孔子的話，孔子說，見義不爲無勇也，該做的事，如果沒做到就是無勇。有過就改，這才是勇敢。孔子說過，「過則勿憚改」，有了過錯不要害怕去改正，要有這種勇氣。只要勇敢地面對自己的缺點，就會慢慢改善、越來越好。

【第148講】

《論語・子罕第九》第三十章，原文是：

子曰：「可與共學，未可與適道；可與適道，未可與立；可與立，未可與權。」

孔子說：「可以一起學習的人，未必可以一起走上人生正途；可以一起走上人生正途的人，未必可以一起立身處世；可以一起立身處世的人，未必可以一起權衡是非。」

可以一起在學校念書的人不一定可以一起走上正途，因爲人各有志。一起念書，一起接受老師的教誨，但畢業以後，有些人依循老師的道理走上人生正路，另外有一些人覺得老師講的似乎沒用，社會上有另外一套價值觀，於是就會偏離人生的正路。可以一起學習，無法一起走在人生的正路上，因爲有些人眞的是分道揚鑣走到岔路去了。即使一起走在人生的正路上，但是未必可以一起立身處世。立身處世是做人處事的原則。有些人強調要有愛心，另外一些人強調要有正義。有人偏向行仁、有人偏向明智、有人偏向勇敢。因此很難一起立身處世，因爲取捨不同，原則也不同。就算可以一起立身處世，所堅持的原則是一樣的，但是未必可以一起權衡是非。儒家主張守經達權，經是原則，要守住不變的原則，但是要達權，達是通達，權指變化。守住原則之後要能夠應用，這樣才可貴。爲什麼找到能互相權衡、互相商量的朋友很難呢？因爲這需要一些條件，比如彼此要了解得很深，彼此的價值觀要接近，互相權衡商量的時候才有共同的原則；必須眞誠而正直，能夠直接指出彼此的過失。此外還必須見多識廣，如果見識不夠的話，與他商量還不如自己回家反省。

這裡提到四個階段：第一共學，一起學習；第二適道，走在人生的路上；第三立，立身處世；第四權，權衡是非。孔子講他自己生命的發展，三十而立、四十而不惑。第三階段的立，與孔子三十而立的意思接近；不惑表示有能力權衡自己的出處進退，要找人互相商量權衡，必須到不惑的程度才有辦法做到。儒家強調變通，這與擇善固執並沒有衝突，擇善固執是堅持要行善，固執是對於善的堅持，不代表不能變通。孟子就很能夠變通，有個學生與別人辯論，一辯論就失敗，別人問他是吃飯重要，還是守禮比較重要？孟子的學生當然說守禮比較重要，要遵守禮儀，不能爲了吃飯而違背禮儀。這個人再問，如果你快餓死了，還要遵守禮儀嗎？學生無法回答，便回去請教孟子，孟子說這個問題很容易回答，守禮，與將餓死這等大事相比，當然是餓死比較重要，所以要吃飯。孟子說拿一個三寸的木頭放到一座很高的尖塔上面去，然後說這個三寸木頭比塔還高，這樣公平嗎？當然不公平了，因爲基礎不同。孟子的比喻多好。儒家是有變通的，思想非常靈活。

從本章我們可以得到許多啓發。知道交朋友有四個階段，要達到最後的權，一起權衡是非，那是最難的，希望每一個人都可以找到這樣的朋友。

鄉黨第十

【第149講】

《論語．鄉黨第十》第一章與第二章。鄉黨篇有不少是孔子日常生活的描述，包括他做官的時候在朝廷上的情況，他在家鄉如何與別人相處等，有很多寶貴的資料。

第一章：

孔子於鄉黨，恂恂如也，似不能言者。其在宗廟朝廷，便便言，唯謹爾。

孔子在鄉里之間溫和而恭順的樣子，像是不太會說話的人。他在宗廟裡、朝廷上說話明白流暢，但是很有分寸。

眾所皆知，孔子的口才一流，學問更不在話下。至於道德之崇高更是令人尊敬。但是孔子在家鄉，好像是不太會說話一般，木訥而恭順。何以有這種差別呢？因為家鄉長輩很多，這些人是看著他長大的，當然要表示恭敬，在長輩面前，不需要表現口才。但是，在朝廷上就不同了，他在朝廷上或在宗廟裡說話明白流暢，表現恰如其分，符合身份。

這一章描寫了孔子日常生活中說話和行動的方式。

第二章也類似，專門講他在朝廷上怎樣同別人說話，細節也很有趣，原文是：

朝，與下大夫言，侃侃如也，與上大夫言，誾誾如也。君在，踧踖如也，與與如也。

孔子上朝時與下大夫說話溫和而愉快的樣子，與上大夫說話正直而坦誠的樣子，國君臨朝時恭敬而警惕的樣子，穩重而安詳的樣子。

孔子對三種官員，包括國君，表現不同的態度。他在朝廷裡面與官位比他低的下大夫說話時，溫和而愉快的樣子。遇到官位比他高的上大夫，說話就正直而坦誠的樣子。與國君相處又不同了，國君是國家最高領袖，國君一旦臨朝，孔子是恭敬而警惕的樣子，隨時注意國君的要求。同時也表現得穩重而安詳，不會過於侷促不安。

這段話，說明孔子做官的時候面對同事，面對君上的狀態，儒家強調與人相處要考慮三點：第一，內心感受要真誠，清楚知道自己是誰，與誰來往，自己的角色為何。第二，對方期許要溝通，與誰來往，對方對我有什麼要求。第三，社會規範要遵守。孔子對國君特別尊重。他曾經抱怨自己侍奉國君完全按照禮的規定來做，居然被認為是諂媚，這實在是很大的冤枉。依照當時的規矩，做臣子的拜見國君要跪拜兩次。第一次在堂下先跪下來，第二次上堂之後再跪一次，要兩次跪拜，表明我是臣屬你是國君，臣對君表示尊重。當時的風氣已經把第一次跪拜廢掉了。但是孔子非常遵守禮儀的要求，他每一次上朝時，在堂下先跪一次，上堂之後再跪一次，別人看了便不順眼，孔子的跪顯得旁人太不懂禮儀了，所以大家便指他諂媚，這實在是冤枉。孔子非常強調禮儀，因為如果沒有禮儀、禮節、禮貌，社會就會因為混亂而慢慢瓦解，所以我們今天從鄉黨篇裡，看到孔子在鄉里、朝廷上、私下場合、公開場合的表現。

鄉黨篇裡面還有很多生活的細節值得我們進一步了解。

【第150講】

《論語・鄉黨第十》第八章，這一章內容與飲食有關，原文：

食不厭精，膾不厭細。食饐而餲，魚餒而肉敗，不食。色惡，不食。臭惡，不食。失飪，不食。不時，不食。割不正，不食。不得其醬，不食。肉雖多，不使勝食氣。惟酒無量，不及亂。沽酒、市脯不食。不撤薑食。不多食。

食物不以做得精緻為滿足，肉類也不以切得細巧為滿足。食物放久變了味道，魚與肉腐爛的都不吃，顏色難看的不吃，味道難聞的不吃，烹調不當的不吃，季節不對的菜不吃，切割方式不對的肉不吃，沒有相配的調味料不吃。即使吃的肉較多，也不超過所吃的飯量，只有喝酒不規定份量，但是從不喝醉。買來的酒與肉乾，不吃，薑不隨著食物撤走，但不多吃。

這整段話和養生有關。孔子謹慎對待的三件事是：齋戒、戰爭，以及疾病。爲了避免生病，吃東西就要小心。這裡的第一句，經常帶來誤會。食不厭精、膾不厭細，很多人以爲孔子是美食主義者，就是食物做得越精緻越好，其實不是的。他的意思反而是不以此爲滿足，食物只要做得不錯，肉只要切得還可以，孔子不會挑剔非要如何精巧才行。孔子吃東西沒那麼挑剔，如果把這兩句話理解爲他是美食家，吃東西一定要吃最高級的，那誤會就大了。後面接著連續談到十個不吃，或者不多吃的東西。第一，食物放久變了味道，魚與肉腐敗了，當然不吃，吃了一定會生病。再者，顏色難看的不吃，味道難聞的不吃，色香味一有問題，說明食物變質了，吃下去之後恐怕也會生病。再接著，味道烹調不當的不吃，季節不對的菜不吃，這是孔子的飲食習慣。爲什麼割不正不食？肉沒有割正的話，煮不熟，吃了也咬不爛，孔子年過五十以後，牙齒不好，所以不吃。吃東西要有相配的調味料。肉吃得再多，也不要超過吃飯的量，只吃肉，不吃飯，對身體不好。只有喝酒不規定份量，但從來不喝醉。接著這句話很重要，他不吃買來的酒和肉乾，我一直強調孔子教書不收束脩，這就是證據之一。因爲如果送給孔子肉乾，孔子就要問：這是外面買的還是媽媽做的？誰家裡經常做肉乾呢？當然外面買的。孔子既然不吃，送給他不是很尷尬嗎？所以這也是很好的證據。在古代，自己家裡都會釀一點酒，孔子只喝自家釀的酒。再接著最後一句，他說薑不隨著食物撤走，但是不多吃。薑可以幫助消化，吃肉配點薑很好，但也不能多吃。從孔子這段話就知道，原來孔子確實重視養生。病從口入，禍從口出，不是隨便講的話，很多人就因爲說錯了話得罪人，要收回卻來不及了。那麼吃東西吃壞了肚子，要後悔恐怕也來不及了。

孔子這段話，啓示我們預防勝於治療。孔子曾經給一個貴族子弟孟武伯這樣的建議：讓父母只爲你生病的事情發愁，別的事情都不要讓他們操心，這樣就很孝順了。所以很多時候提到孝順，孔子的意見並不是要孩子努力做很多事服侍父母，他們也不見得需要孩子做這些事。如果父母年紀已大了，請教孔子該如何孝順，他也許建議孩子陪父母去運動，讓父母身體更健康，這就是因材施教。

【第151講】

《論語・鄉黨第十》的第十章還有後續的幾章，合在一起講。

第十章原文是：

食不語，寢不言。

我們要先說明的是「語」和「言」不同，「語」指討論，像《論語》的「語」；「言」是自己說話。孔子建議我們，吃飯的時候不要討論，一天三餐，你一邊吃飯，一邊討論，眞是傷腦筋，因爲要思考，有時還辯論，甚至還吵架，吃飯怎麼消化？所以，他建議吃飯的時候不要討論問題。睡覺的時候，不要說話，因爲睡覺說話會造成睡眠品質不好，容易做噩夢。所以孔子勸我們，吃飯時不要討論，睡覺時不要說話，這都和健康有關。做事要把心放在事情上。吃飯時和人討論，一不小心就咬傷舌頭，這時便懊惱爲什麼不專心吃飯呢？睡覺的時候講話，對身體也不好。以前有位于右任先生，留個長鬍子，有一天一個小學生碰到他，問老先生您睡覺的時候，鬍子是放在棉被裡面呢？還是放在棉被外面？結果這一問害得老先生好幾天睡不著覺。他平常睡覺的時候沒想這個問題，棉被拉過來一蓋就睡了，被小孩子一問，他睡前便非常注意，鬍子放棉被裡，怪怪的，放在棉被外面吧，似乎也不太對，結果一晚上沒睡著。這說明做什麼事都得要專心，一旦分心，不僅該做的事情沒做好，恐怕還耽誤其他的事情。

第十二章提到「席不正，不坐。」就是席子沒有放正，他不坐下。孔子時代的人是席地而坐，就像日式房子的榻榻米一樣。其實日本的榻榻米，就是延續我國古人生活的習慣。人都坐在地板上，有客人來的時候就跪坐。跪坐就是上身直立起來，稱爲「正襟危坐」。沒有客人的時候，可以坐在自己的腳後跟上。席子沒放正，該怎麼坐？席子有點高度，如果沒放正，坐的人很容易歪滑或仆跌，是有危險的。

第二十四章提到「寢不尸，居不客。」何謂寢不尸？前面才講過寢不言，睡覺時別說話；現在又說睡覺的姿勢不要拘謹僵臥。尸指像屍體一樣，僵臥不動。有些人睡覺是直挺挺的，面朝天。根據專家的說法睡覺最好的姿勢，是向右方側臥，右方側臥的話，對於胃的消化比較有幫助，也不會壓迫到心臟。直挺挺地躺著，這個睡姿不舒服，所以孔子建議我們「寢不尸」。「居不客」則提示有關日常生活的姿態。平常在家裡面稱「居」，家居生活。平時不需要像作客那樣跪坐著，到別人家去做客就得正襟危坐，但是平常自己在家裡，可以坐得比較舒服一點，不必太過拘謹。

這些關於生活細節的篇章，並不是規定大家一定要學習，而是要能體會孔子在任何時候對待任何事情都專心致志。佛教喜歡提醒人們：行、住、坐、臥，心都要放在當下。不要小看這些細節規矩，這些規矩可以讓人做事更加專注，養成好的生活習慣。養成好的生活習慣，將有助於成就更大的事業。

【第152講】

《論語・鄉黨第十》的第十一章以及後續的幾章，都非常短，一起探討，會理解得比較完整。第十一章：

雖疏食菜羹，必祭，必齊如也。

即使吃的是粗飯與菜湯，也一定要祭拜，態度一定恭敬而虔誠。

本章讓讀者感到奇怪，難道孔子吃每一頓飯都要祭拜嗎？事實上，古人有個習慣，在吃飯的時候，要從每一盤菜裡拿一點出來，放在一個盤子裡，表示感謝祖先，感謝發明食物的人。孔子即使吃的是簡單的食物，喝的是菜湯，也一定要祭拜。表明孔子做任何事，都要想到祖先，是他們奠下的基礎，我們才能夠有好的食物可以吃。現代人早已沒有這樣的習慣，但吃飯時至少應該感謝父母親，父母親辛苦工作，賺錢養育我們，要請父母親先用，這是禮貌和尊重。要知道一衣一飯，當思來處不易，所謂「一人之身，而百工之所為備」，靠眾人合作才有方便的物質生活。所以在吃飯的時候，心懷感恩是正確的。

接著的這兩段，描述的是孔子的生活狀態，在這一篇的第十三章。原文是：

鄉人飲酒，杖者出，斯出矣。

孔子與同鄉人一起聚餐飲酒的時候，要等到年長的人都離席了，他才走出去。

杖者就是走在路上要撐拐杖的人。古代有個規定，一個人到了六十歲才能夠扶杖而行。出門撐杖，倒不是腳一定有問題，或走路不方便，而是代表年齡到了六十歲，撐個拐杖慢慢走。別人看到撐拐杖的人，自然知道是位前輩，就會表示尊敬。所以拐杖可說是年齡的象徵。孔子與同鄉人吃飯時，要等那些年長的人，六十歲以上的人先離席，他才離開。我們不要忘記，孔子在魯國可是做過大官的，從五十一歲到五十五歲，當到司寇大夫，那是很高的官，等於現在部長級的官員。但是，他回到家鄉，和鄉親父老一起吃飯時，從不擺高官的架子。平常的生活，不管官位高低，一定講究敬老尊賢的禮儀。

孔子的表現爲何值得記錄與流傳，是因爲一般人不太會注意到這些細節，但孔子卻不同。他不到六十，還沒有資格撐拐杖，扶杖而行，雖然官位比較高，面對的只是一般百姓，但是大家同鄉一起吃完飯以後，長者先行，等到扶杖的人都走了，孔子才離開。他對於比他年長的人，一定秉持尊敬的態度。一個人在某一方面有成就，但見到同鄉的長輩，仍是一個晚輩，就像一個人不論成就再高、年紀再大，在父母親眼中永遠都是孩子一般。

我現在遇到我的小學老師，還是畢恭畢敬。這是一種正確的心態，因爲人要感恩。孔子對於他同鄉的這些長輩前輩，態度是非常尊敬的。

另外一段，第十四章，談到了民俗信仰。原文是：

鄉人儺，朝服而立於阼階。

鄉里的人舉行驅逐疫鬼的儀式時，他穿著正式朝服，站在東邊的臺階上。

本章記錄鄉里百姓有時候會有一些民俗信仰的活動，每年在特定的節日就要驅逐疫鬼。古代醫藥不太發達，往往會希望通過一些特殊的儀式把瘟疫的鬼驅逐出去。就好像我們過年放鞭炮，目的是把「年」這種怪獸嚇走，我們這一年就平安了。這是民俗信仰，先不要問究竟有無效用，但是至少舉行之後能讓老百姓心安。孔子看到這些民俗活動，並沒有嘲笑，也沒有批評。反而穿上正式的朝服，站在家裡東邊的臺階上，表示尊敬。

特別強調是站在家裡東邊的臺階上，因為古代的房子多是坐北朝南，一般客人走西邊的臺階，主人走東邊的臺階，代表是這家主人。全天下只有一個人，到任何地方都走東邊的臺階，那是國君。比如魯國的國君，到魯國任何人家去，都走東邊的臺階，表示他在全國境內都當主人，這在古時候是一個禮儀。

我們要尊重社會已經有的習俗。現代觀光業發達，每個人終其一生多半會有到外國去的機會，看到別人在辦嘉年華，穿上奇怪的服裝，身上還畫著各種顏色，有時候像野獸一樣，這是他們代代傳下來的風俗習慣。像西班牙有奔牛節，大家跑著被牛追，有人被牛角頂傷了，在醫院裡面躺著，還很愉快的向記者描述如何驚險刺激，在外人看來，這些人不是窮極無聊，自找苦吃嗎？沒事放幾條牛出來追人，受了傷居然還沾沾自喜。還有番茄節，滿地番茄，大家打番茄仗，外人看來也覺得浪費又無聊。同樣的，外國人也不了解我們端午節划龍舟，中秋節吃月餅的意義，風俗習慣大多有淵源、有故事，有它非常深刻的文化的含義。作為觀光客，若能了解其中的背景，並予以尊重，自然便能感受到民俗活動的可貴。

儒家的立場，就是尊敬與肯定任何一種好風俗習慣，只要可以疏導百姓的情感，不要造成負面的效果，都應該珍惜。

【第153講】

《論語．鄉黨第十》第十六章，原文是：

康子饋藥，拜而受之。曰：「丘未達，不敢嘗。」

季康子派人送藥來，孔子作揖接受，他後來說：「我不清楚這種藥的藥性，不敢服用。」

這事大概發生在什麼時候呢？孔子周遊列國是從五十五歲到六十八歲，他六十八歲時，年輕的季康子執政，季家在魯國是一個大的家族，叫做季氏家族。季康子二十幾歲就當了魯國的正卿，正卿就是行政院長的位置了。孔子是魯國重要的人才，所以季康子請孔子回來擔任國家顧問，這時孔子已經接近七十歲了。

在《論語》的記載中，至少有兩次寫到孔子生病。有一次，子路對老師說，我們來為你禱告吧，孔子說我一直都在禱告，我與鬼神之間沒有誤會，都相處得很好。另外一次，子路覺得老師情況嚴重，和同學們組織一個治喪處，這些都與孔子生病有關。本章，季康子知道孔子生病了，就派人送藥來。季康子是魯國的正卿，他派人送的藥一定是很好的藥。這些藥材，孔子沒有研究過，顯然不是魯國本地，也不是附近國家常見的藥材。孔子拜而受之，打躬作揖，因為季康子官位高，孔子年紀雖然大，還是得尊重大官。但他說了一句話，他說這種藥的藥性我還不懂，丘是孔子，丘未達，「達」指了解，我還不了解這種藥的藥性，我不敢輕易嘗試。孔子在這裡，表現了他養生的原則，沒有把握的，不懂的東西，千萬不要亂吃。孔子懂不懂醫術呢？根據我們的資料，孔子應該是懂得醫術的。他有個學生叫做冉伯牛，這個學生列名在德行科。德行科有顏淵，閔子騫，冉伯牛和仲弓。冉伯牛排第三，很了不起。但是很可惜，沒有人知道冉伯牛做過什麼事。在《論語》裡只說冉伯牛有疾，生了很嚴重的病，孔子去看他，從窗戶拉他的手。之所以從窗戶拉他的手，恐怕他的病具有傳染性，所以不方便到房間裡面去。孔子從窗戶拉他的手，接著就說我們要失去這個同學了，這麼好的人，得這麼嚴重的病，孔子很感歎。孔子爲何說要失去這個同學了呢？我認爲孔子會把脈。他從窗戶拉他的手就是在把脈，一摸就知道這個脈搏已經不太有活力了。

像孔子這麼用功的人，廣泛涉獵各種知識，醫學方面的書，他應該也了解。所以孔子顯然對於各種藥都有所認識，但是確實沒有研究過這種藥，所以孔子很謹慎。從這個短短的一章，我們可以發現，孔子最謹慎的事情之一，是疾病。對於自己不了解的藥材，不隨便食用。

【第154講】

《論語・鄉黨第十》第十七章，原文是：

廄焚，子退朝，曰：「傷人乎？」不問馬。

家裡馬棚失火燒了，孔子從朝廷回來，說：「有人受傷嗎？」沒有問到馬。

這段話是我年輕時讀《論語》最感動的一句話。我們可以想像這個情況，孔子在魯國做大官的時候，有一天回家，家人報告說，馬廄失火燒了。這時候他的直接反應是問：「有人受傷嗎？」他沒有問有沒有馬被燒死。如果馬廄、馬棚失火的話，誰會受傷？馬車夫、工人、傭人。他們是社會底層的人，但是在孔子心中，卻一視同仁，只要是人命都值得珍惜和尊重。在古代社會，馬是非常貴重的。比如齊國的國君齊景公，《論語》裡面就說他過世時留下了四千匹馬，代表家產很多，馬是貴重的家產。在孔子看來，財物並不重要，人命關天這才重要。所以我年輕的時候念到這一句話，心裡面很受震撼。孔子是一位人道主義者，具有深刻的人文精神。在《論語》裡，這一則簡單十二個字的記載，就把孔子的人文精神表現出來了。要知道儒家最可貴的就在可以突破時空的限制。他處在古代封建社會，卻能重視人的生命價值，不受任何社會條件的限制，可以突破空間，突破時間，使得兩千多年後的我們讀到這段話，還是深受感動，不免肅然起敬，覺得孔子這樣的人眞是可愛。

西方大哲學家康德，一輩子住在當時普魯士東北角的科尼斯堡，從來沒有離開過家鄉。他有個綽號，叫「住在科尼斯堡的中國人」。他認爲每一個人都是目的，不能把別人當手段來利用，要尊重每一個人。同時他也強調要以道德作爲宗教的基礎，信奉何種宗教是個人的事情，但是在道德的層面，人人都有理性，每一個人的理性都一樣，都應該去思考並理解道德是自己該追求和擁有的。西方人很喜歡強調宗教是道德的基礎，而康德不同，他說應該反過來，以道德作爲宗教的基礎。如果一直強調宗教而忽略了道德是人的理性的普遍要求的話，那非常可惜。這就是所以康德爲何被稱爲中國人的原因。

西方的傳教士在明朝時來到中國，他們曾經向羅馬教皇報告，說中國有些念書人學了儒家的思想，他們並沒有信仰我們的上帝，但是有很高的道德水準。所以學儒家之後，不一定要信仰宗教，本身就會有很高的道德水準。它的出發點就在於人文主義。人文主義有各種解釋，最基本的就是把人當作目的來尊重，而不能把人當作手段來利用。我們也知道，人與人相處，難免互相利用，但是不管如何互相利用，一定要記得別人本身也是一個目的，要尊重他。他的職業也許比較平凡，也許比較普通，但是他的人格與其他人都一樣。人格是平等的，這就是人文主義。儒家的思想完全突破了時空的限制，它不但具有現代性，還具有普世性。

西方學者把孔子列爲人類歷史上四大聖哲之一。何謂四大聖哲呢？最早的是釋迦牟尼，他創建了佛教。第二位就是孔子，創建了儒家。第三位是蘇格拉底，創建了西方哲學的傳統。第四位是耶穌，創建了天主教、基督教。

【第155講】

《論語・鄉黨第十》二十二章與二十三章，這兩章談到孔子同朋友的互動關係。第二十二章：

朋友死，無所歸，曰：「於我殯。」

遇到朋友過世，而沒人料理後事，孔子就說：「我來負責喪葬。」

這時的孔子是標準的雪中送炭。他知道這時候幫朋友忙，也許不會有人感激他，但他覺得自己道義上應該這麼做。替別人辦理喪事，本來是孔子的專長之一，但是做的時候，一定會花很多時間，力氣，甚至金錢。可是孔子毫不在乎，他覺得能夠爲朋友做最後一件事，是應該的。我小時候看到這段話，就覺得孔子眞是一個俠義之士。常言道「富在深山有遠親，貧在鄉里無人問」，這是很現實的一句話。人情冷暖，有時候也難免。但是孔子眞誠地對待朋友，孔子對朋友的態度就是他一生思想的具體表現。孔子平常總是倡行仁義，這就是把這一理想付諸行動的證據。

接著的第二十三章，原文是：

朋友之饋，雖車馬，非祭肉，不拜。

朋友送的禮物，即使是車與馬，只要不是祭肉，孔子也不作揖拜謝。

對待朋友送的禮物，孔子往往是說一聲謝謝，拿來就用，因爲朋友之間，有通財之誼，我的錢借你用，你的錢借我用，大家是朋友。你現在不方便，我來幫個忙，下一次我有困難，你來支持我。但是朋友送給孔子的禮物，只有一樣東西孔子特別愼重，還打躬作揖九十度，要拜謝。那是在家裡祭拜祖先所用的肉。古人都有祭拜祖先的習慣，祭拜祖先時，一定得買祭品，其中包含肉。祭拜完畢之後，自己家人吃不完，那就切幾塊送給親戚朋友。如果切一塊送給孔子，孔子知道是朋友祭拜祖先所用的祭肉，他會作揖拜謝。因爲這個舉動代表朋友祭拜祖先時，曾想到孔子，把他當做自己家族的朋友，上告祖先有一個朋友叫做孔丘。這讓孔子很感動，他就作揖拜謝，代表對對方的善意，以及對對方的祖先表示敬意。

孟子書中記載孔子的孫子子思，當時在魯國，也做了官。一次魯國國君對子思說：我是國君，你是大臣，我把你當朋友，後代會不會把我們記下來，國君與大臣做朋友，可以傳爲美談。子思說，不是這樣的，論地位你是國君我是大臣，我哪裡有資格與你做朋友；論德行，我是老師，你是學生，你憑什麼和我做朋友。子思這樣講，眞是浩然正氣，讓人看了之後，精神爲之一振。孔子的孫子得到他的眞傳。

所以大家一定要記得，交朋友在心態上一定要平等。對孔子來說，精神價值遠遠超過物質價值。送我車和馬，我拿來就用，說一聲謝謝；你送我祭拜祖先的祭肉，我向你作揖九十度鞠躬拜謝。這裡的差別，可以給我們很大的啓發。

【第156講】

《論語・鄉黨第十》的第二十五章，這一章的內容是：

見齊衰者，雖狎必變。見冕者與瞽者，雖褻必以貌。凶服者式之，式負版者。有盛饌，必變色而作。迅雷風烈，必變。

意思是：

孔子看見身穿孝服的人，雖然是平日熟識的，也一定改變態度。看見戴禮帽的，與瞎眼的，雖然常常碰面，也一定顯出關切的神色。坐在車上時，看見穿喪服的，即使是販夫走卒，他也身向前傾，手扶橫木，以示心意。做客時，有特別豐盛的菜肴，一定端正神色，站起來向主人致意。遇到急雷狂風，一定改變態度。

這段內容是說明孔子如何誠於中形於外，將內心的情感眞實的表達出來。首先孔子看見有人穿孝服，雖然是平常熟識的，一定改變態度。所謂改變態度，就是本來與別人在談天說笑神情輕鬆，一看到有人穿著孝服，便知是他家裡有長輩過世，這時孔子一定改變態度，神色變得肅穆恭敬。別人家裡有喪事，就要表示關心。第二種情況，看見戴禮帽與盲眼人，孔子也會有不同於平常的神情。盲眼人需要引導，可以想見；至於出門戴著禮帽，代表他家裡有特定的事情發生，這兩種人雖然常常碰面，也一定顯出關切的神色。如果坐在車上看見穿喪服的人，雖然是販夫走卒，與他並不認識，也一樣身體向前傾，手扶橫木。古代人坐馬車，馬車前面有一橫木，手扶著橫木，身體向前傾，表示對別人的尊重，就好像我們舉手行禮一樣，用以表示心意。這幾段話都說明在日常生活裡，如果知道別人家裡有特殊狀況，就要調整自己平常輕鬆的心情和態度，對別人表示尊重。因爲人活在世界上，難免會遭遇各種複雜的狀況，適時表示關心，能讓對方感到溫暖。同樣的，當我們有狀況時，別人也會表達關切的態度，社會因而顯示人文情操，每個人也都更接近文質彬彬。

接著兩句比較特別，孔子在別人家裡做客時，看到特別豐盛的菜肴，他一定端正神色，站起來向主人致意。因爲孔子平常生活簡單，吃一般的食物，喝白開水。如果說有人請他去家裡吃飯，招待得非常隆重，孔子知道一定有重大的事情，需要他來幫忙，所以他就先表示對主人感謝。孔子注意飲食，但不是美食家，不在意菜肴是否豐富。其實眞正的哲學家對於飲食，不見得都是美食主義者。我從孔子聯想到蘇格拉底，蘇格拉底此人極爲有趣，既可以與別人飽餐痛飲，喝酒助興，徹夜討論哲學問題；也可以粗茶淡飯過日子。所以柏拉圖《對話錄》裡描寫蘇格拉底，就喜歡強調兩種極端。他有時候，飲食沒有節制，有時候又完全不吃，好像忘記需要吃飯。這說明他是隨遇而安，有豐盛的菜肴，也不虛矯排斥。同樣，孔子看到別人準備豐富菜肴，就會端正神色對主人表示感謝。最後一句，更特別了，遇到急雷狂風，一定改變態度。急雷狂風是自然界的現象，孔子改變態度是指穿戴整齊，有危險就要逃難了，人要懂得保護自己。有一些學者把孔子吹捧得如同神一樣，比如宋朝學者便說孔子其實有天命在身，打雷閃電對他都不會有損害。這樣的說法並不合乎事實，這裡便是明證，迅雷風烈一定改變態度，準備逃難。

在此要說明一些學術上的問題。朱熹是注解《論語》的重要代表，他在注解這句話時特別強調孔子遇到打雷颳風時改變態度，是因爲他要「敬天之怒」。朱熹認爲孔子是要尊敬天的發怒，顯然朱熹認爲孔子所信的天會生氣。如果說孔子因為自然界的變化而改變態度，是因為尊敬天，那又該如何理解他所說的「獲罪於天，無所禱也」呢？朱熹說：獲罪於天的「天」就是「理」，有如一個客觀規則，如果這樣解釋，孔子又何必向一個客觀的「理」禱告呢？所以清朝學者錢大昕曾質疑，何以有人向「理」禱告呢？比如說數學不好的同學，在家裡面畫一個三角形，向三角形禱告，這事說得通嗎？所以朱熹的注解，非常不合邏輯。孔子說：得罪天沒有地方禱告，是把天當作像神明一般的對象，才能禱告。而本章並沒有提到天，只是說遇到颱風打雷等自然現象要改變態度。

面對自然界的變化，自然界的災難，任何人都不能心存僥倖，還是應該採取適當的防範措施，千萬不要在這個時候太過大意。在《世說新語》裡面，有一段小故事。王羲之有兩個兒子，這兩個兒子表現都很傑出。當時的學者喜歡分辨誰比較鎮定，誰比較從容，誰比較豁達。有一天家裡發生火災，兩兄弟一個立刻奪門而出，另一個慢慢走出來，還讓僕人扶他的手，很有風度。大家認為慢慢走出來的比較高雅，前面第一個那麼快跑出來，太緊張了吧。我個人認為這種作風不好，如果為了表現瀟灑，被火燒到該如何是好？水火無情呀。從人們在自然災害前是否驚恐或擔心，來判斷他鎮定與否，並不見得合適，以孔子的方式來說，迅雷風烈，必變。趕快採取逃生措施，愛惜自己的生命，這才是正確且基本的原則。所以，孔子不是神，他和我們普通人一樣，災害發生時要保住自己的生命，人生很可貴，不該輕易冒險。

【第157講】

本講要介紹的是《論語・鄉黨第十》的最後一章，也就是第二十七章。這一章的內容是這樣的：

色斯舉矣，翔而後集。曰：「山梁雌雉，時哉時哉！」子路共之，三嗅而作。

這段話的意思是：

人的臉色稍有變化，山雞就飛起來，在空中盤旋之後，再聚在一起。孔子說：「山谷中，橋樑上的這些母山雞，懂得時宜！懂得時宜！」子路向它們拱拱手，它們振幾下翅膀又飛走了。

色是指人的臉色。人的臉色稍有變化，幾隻山雞就飛起來，在空中盤旋之後，再聚在一起。孔子看到這一幕，就發表評論了。他說，母山雞懂得時宜。時宜就是適當的時機。

我們選這一章來介紹，是因爲「時」這個字。孔子後來被孟子稱作「聖之時者也」，也就是看時機而選擇適當的作爲。我讀到這一段時總想到歐洲很多廣場上的鴿子，這些鴿子看到人並不害怕，牠們會跟在人們身旁咕咕叫，繞來走去，毫不在乎遊客，甚至還抬頭看人，希望能給牠食物吃，遊客與鴿子都處得很好。但是，如果我們想抓幾隻來烤乳鴿，那牠肯定立刻飛走。人一旦起心動念，牠就立刻飛走。因爲牠能感受到此人身上的殺氣。動物懂得判斷，何時安全，何時危險，它有感知。人的臉色一變，山雞感覺到人的臉色變了，立刻飛起來。盤旋一陣子發現沒事，才又下來。子路跟在老師身邊，聽老師稱讚這些母山雞之後，居然向山雞拱拱手。他一拱手，山雞又立刻飛起來，因爲山雞看到子路拱拱手，不知道他手上有沒有藏著彈弓，所以心生疑懼，又飛了起來。

這段有趣的插曲，頗有哲學含義。儒家的思想非常強調適當的時機，要正確判斷安危。古代典籍中討論變化、討論時機最重要的一本書是《易經》。《易經》裡面至少有十二個卦，會特別提醒我們注意時機，適當的時候做適當的事。配合天地大自然的各種條件，春夏秋冬四時各有各的特色，在不同的季節做不同的事。比如古代農業社會，大家都知道，春耕夏耘秋收冬藏，這次序不能變，否則不會有收成。所以孔子一直強調君王使民，一定要看時機。比如說秋收之後，農田的事已經做完了，已經收成了，這時調派百姓做公眾勞役，百姓不會抱怨。如果春天夏天徵調他們就不行了，誰來耕田？誰來插秧？誰來除草呢？時機不合適，立刻出問題。在《老子》裡面，有好幾章也特別談到最好不要有戰爭。他說「大軍之後，必有凶年」。打仗之後一定收成不好，因爲打仗會錯過農作時機，便沒有收成了，大家陷入饑荒，這說明了時機的重要。

孔子確實是非常細心的觀察者，隨時注意到身邊的事情。自然萬物都可以給他帶來啓發。孔子曾說「危邦不入，亂邦不居」，碰到危險或混亂的地方還非要去，不是自找麻煩嗎？生命是可貴的，不要輕易冒險，但是不代表就要苟且求生。該做的事還是要做，但是不去作不必要的犧牲。儒家的思想，肯定人的生命有其一定的價值。這種價值在面對危險時，還是要能夠做正確的判斷。後來的孟子，曾講了個簡單的比喻。他說：君子，不會站在搖搖晃晃的牆壁底下。假設有一座牆搖搖晃晃快倒了，我以此和別人打賭，誰比較勇敢，誰敢持久站在這座牆底下？這種事情儒家是不做的。因爲以生命爲賭注，這是匹夫之勇，太過於莽撞了，萬一牆眞的倒了，人將會受傷，甚至損害可貴的生命。我們的生命有內在的目的，是要努力行善避惡，以求止於至善，怎麼可以隨便拿來與他人打賭，看誰比較勇敢，誰比較敢冒險呢？所以儒家的思想，是讓我們在許多地方找到一條正路來走，讓我們的生命安穩，然後可以發展人性應有的價值。

先進第十一

【第158講】

《論語・先進第十一》第一章。原文：

子曰：「先進於禮樂，野人也。後進於禮樂，君子也。如用之，則吾從先進。」

翻譯成白話文就是：

孔子說：「先學習禮樂再得到官位的，是淳樸的一般人。先得到官位再學習禮樂的，是卿大夫的子弟。如果要選用人才，我主張選用先學習禮樂再做官的人。」

這段話的翻譯向來就有許多爭議。有些人把「先進」當作商朝的人，「後進」當作周朝的人。我們認爲，「進」應理解爲「接近」或「進入」之意，可引申爲「學習」。先學習禮樂，然後再做官的，是爲「先進於禮樂」。而那些卿大夫、貴族之家的子弟生下來就有官位，然後再去學習禮樂，便是「後進」。

孔子所教的學生多半爲先學習禮樂，然後再做官。這樣的人原本是「野人」，即淳樸的一般百姓。在上位者有兩種選擇，大家都有一樣的能力，要選用哪一種人來任命官職呢？孔子喜歡用第一種人。在平凡家庭長大，沒有做官的機會，就設法學習禮樂，學會了之後才去做官，他肯定會認眞學習。就比如兩個學生，一個沒有任何保障，如果功課不好，畢業之後就沒有工作了；另一個已經有工作，只是去進修，有時候就不太在乎，即使學得不好，還是有工作。這兩種人就類似上述兩種情況。孔子接著說，「後進於禮樂，君子也」。此處「君子」，不是指德行高超的人，而是指家庭背景特別，卿大夫的子弟。按當時的規定，卿大夫的子弟十五歲以後可以上大學，三年之後，如果通過測驗就可以做官了。比如先擔任副縣長，再慢慢往上升。這稱爲「後進」，就是先有官位，然後再學禮樂的人。

孔子說，如果讓他選用人才，他會找「先進者」，也就是和孔子大部分的學生一樣的人。這些學生按照過去的情況是沒有機會學習的，更不要談做官了，但是因爲整個國家社會的需要，人才需求量大增，所以才從民間選拔人才。這樣的選拔，比較客觀公平，端看各人能力是否足夠。

當官爲什麼一定要懂得「禮樂」呢？因爲在周公制禮作樂以後，禮樂成爲社會教化的基礎。禮包括所有人與人的適當關係，樂更是上層階級生活及相互來往所不可少的。所以，禮樂對想走上仕途的人，是基本訓練。作爲一般百姓，禮樂則沒有太多用處，何況學習禮樂需要花錢。孔子曾批評管仲說他「器小」，別人以爲他很節儉；孔子說他一點都不節儉，別人就以爲他懂得禮。這說明有錢與禮有關。孔子也說過「禮，與其奢也，寧儉」。可見，禮是講究規格的，需要花錢才能夠維持。一般百姓哪有這個條件！所以如果要當官，就得把禮樂學會；如果不當官，學禮樂也沒用。

由此可知，孔子的這段話與他的學生有關。因爲整個〈先進第十一〉多處談到他的學生，等於是將學生加以分類，加以觀察。哪些學生有什麼特色，表現得如何，孔子都作了說明。比如中間連續幾章談到顏淵，特別是孔子對顏淵的早逝非常遺憾。可見孔子很希望他的學生能夠出來爲社會服務。因此這樣的理解比較清楚。若把「先進」解爲古代的商朝，「後進」代表周朝，就與孔子所謂的任用人才根本不相干了。

當然我們都知道，很多名詞或術語，後代用法可能不同。今天我們也常用「先進」一詞，比如開會時會稱呼大家「各位先進」，意思是在尊稱這個專業領域裡的前輩。以「前輩」稱呼，有時可能把別人講得太老了，反而不好；其中可能有些是年輕人，年紀雖輕，專業水準卻很高，稱他前輩也不適合，這時候也可稱爲「先進」，表示他先接觸到這個學科，表現傑出。這樣的用法，當然與古代的背景無關。我們稱別人「先進」，對方如果吹毛求疵，立刻就產生誤會了。因爲《論語》裡面說得很清楚，「先進於禮樂，野人也」。難道說他是「野人」嗎？當然不是了。所以我們要了解，古代有很多重要的資料，傳到後代，用法可能變得不同，甚至很多成語的意思完全相反了。比如說「愚不可及」，我們也念過了。今天說這個人笨得不得了，簡直無可救藥，就是愚不可及。但是孔子認爲，這個人不簡單，他的聰明我們可以學到，他的愚笨反而是我們學不到的。那麼，孔子這段關於「先進」的言論，在今天是否適用呢？我認爲還是適用的。比如讓我選用人才，我面對的是兩種人，一是完全沒有家世背景的，一是有家世背景的。我寧可選用沒有家世背景，靠自己的努力表現傑出的。因爲他必須靠自己，沒有任何僥倖。相反的，如果我選擇有家世背景的人，將來也不見得好溝通。萬一他總把家庭背景抬出來，可能公務都不能辦好了。

【第159講】

本講要介紹的是《論語・先進第十一》第二章、第三章。把這兩章放在一起談，因爲很多版本的《論語》是把這兩章合在一起的。但合在一起不見得合適。爲什麼？我們馬上就會知道答案。

第二章提到：

子曰：「從我於陳蔡者，皆不及門也。」

孔子說：「跟隨我在陳國、蔡國之間的學生，與這兩國的君臣都沒有什麼交往。」

有些人把它和下一章連在一起，下一章就是有名的「四科十哲」——孔子列出在四個學科裡面，有十個表現傑出的學生。於是就會作這樣的解說：孔子很感歎，說：當初跟隨我在陳蔡之間的那十個學生，現在都不在我的門下了。事實並非如此，這十個學生，有些一直在孔子門下，像顏淵、子路，到死爲止，都在他的門下。所以，「皆不及門也」，不是說不在我的門下。門是指「陳、蔡這兩國的門」。我們根據的是《孟子》的解釋，應該比較可靠。孟子描寫孔子在陳、蔡之間被圍，爲什麼被圍呢？因爲他和他的學生與陳國、蔡國的君臣都沒有什麼來往。在一個國家，卻與該國的君臣沒有來往，一旦出了事，誰來幫忙呢？所以在家靠父母，出門靠朋友，還是有道理的。孟子說，孔子當時很爲難，簡直是動彈不得，別人在打仗，他就困在那裡不能動，連東西都買不到，吃飯都成問題。所以「皆不及門也」，是皆沒有及這兩國的君臣之門。後來還要靠著楚國，楚昭王派兵來幫孔子解圍。楚昭王對孔子非常尊敬，本來想請孔子去做官，但來不及了，孔子在路上他就過世了。接位的人不見得對孔子這麼信賴。這又是另外一段故事了。

第三章原文是：

德行：顏淵、閔子騫、冉伯牛、仲弓；言語：宰我、子貢；政事：冉有、季路；文學：子游、子夏。

意思是：

德行優良的有顏淵、閔子騫、冉伯牛、仲弓。言語傑出的有宰我、子貢。長於政事的有冉有、子路。熟悉文獻的有子游、子夏。

我們都知道，孔子學生很多，這十位確實了不起。比如提到顏淵，天下人都知道他的傑出。後來在《莊子》裡面，也把顏淵寫得很好。對於顏淵的表現，孔子直接讚美他：「賢哉回也」。顏淵簡直是好得不得了，又是他所見惟一好學的同學，所以他排在德行科第一名，沒有人反對；第二個是閔子騫。閔子騫的孝順天下人都知道，我們後面還會看到閔子騫怎樣孝順；再看冉伯牛，很可惜，他的資料很有限，只有生病的時候，孔子拉著他的手說，我們要失去這位同學了，這是命呀；仲弓我們也知道，孔子說過，「雍也可使南面」。他可以面向南方治理百姓，當一個國家的正卿沒有問題。德行科第四名的，可以當國家的正卿，前面三名，顯然成就可以更高。但是顏淵「不幸短命死矣」，閔子騫不願意出來做官，冉伯牛也是生病早死。所以孔子爲什麼有時候覺得很遺憾，看他這四個學生的情況就知道了。仲弓後來做官，在季氏家擔任總管，但是表現平平。因爲季氏是一個很有野心的人，對於魯國的國君也不是那麼尊重，在季氏手下做事，對整個魯國幫助不大。

言語科的兩位同學，更是赫赫有名了。在《論語》中宰我每次出場，似乎都讓孔子傷腦筋，但是千萬不要以爲宰我只是負面的例子。我個人對宰我非常尊敬，因爲他在〈陽貨第十七〉，有一段非常精彩的提問，雖然最後還是被孔子教訓了，但是他這個提問使我們知道孔子對於人性的看法，所以他的貢獻很大；至於子貢，大家都知道，他是孔子非常喜歡的學生之一，甚至可以說是三大弟子：子路、顏淵、子貢。子貢的口才特別好，如果要練習說話，可以學子貢，如何使用比喻，如何旁敲側擊，如何委婉地表達想法。

在政事方面，政代表政務，事代表事務，有專長可以做官的，就是冉有和子路。子路在這一方面雖然有能力，但是他不懂得稍微轉個彎，以致於最後死於非命。冉有就比較聰明，但是太聰明了，最後被孔子批判，說他根本就沒有原則。至於文學科，代表人物是子游、子夏。子游很年輕的時候，就當到武城的縣長，孔子曾經問他有沒有得到什麼人才，他特別提到澹台滅明。子夏在孔子過世後，則扮演很重要的角色。

我曾經稍微調整孔門十大弟子，在德行科裡顏淵當然占一位，仲弓也占一位，但是閔子騫和冉伯牛材料太少了，我就把他們合在仲弓裡面談，然後空出兩個名額，加上了孔門另外兩位傑出的弟子，一是曾參，另一位是子張。加起來還是十位同學。我把曾參和子張加進來，因爲這兩個同學的表現也非常亮眼。如果忽略他們，會覺得有所欠缺。《論語》裡曾參說過很多話，難道不值得介紹嗎？他還特別孝順，是很好的典範；子張提出很多好問題，在孔子回答之後，確實給我們許多提醒，讓我們了解孔子在這些問題上的看法與觀念。後來這四科形成大家重視的傳統，在魏晉南北朝，有一本書叫做《世說新語》，分篇章的時候，前面四章就是德行、言語、政事、文學。

【第160講】

《論語・先進第十一》的第五章。

這一章所談的是：

子曰：「孝哉，閔子騫，人不間於其父母昆弟之言。」

孔子說：「閔子騫真是孝順呀，別人都不質疑他父母兄弟稱讚他的話。」

我們終於找到一段介紹閔子騫的記載了。閔子騫另有一些事蹟我們曾經談過。比如季氏曾經想找閔子騫做官，閔子騫不願意，他對來人說，你替我好好推辭吧，再來找我的話，我就要逃到汶水以北的齊國去了。說明閔子騫有他的原則，不願意與季氏同流合污，更不想替他做事。因爲替他做事，就要聽他的話，完成他交代的任務。這些如果對國家有害、對百姓不好怎麼辦呢？但後來經過孔子的勸說，他還是做了官。

在這一篇的第十四章有一段話，我們要一起來看：

魯人爲長府。閔子騫曰：「仍舊貫，如之何？何必改作？」子曰：「夫人不言，言必有中。」

意思是：

魯國官員準備擴建叫長府的國庫。閔子騫說：「照著原來的規模有什麼不可以呢？為什麼一定要重新擴建呢？」孔子說：「這個人平常不說話，一說話就很中肯。」

這段記錄說明閔子騫後來可能做官了，因爲有官位之後才有機會發表言論。魯國想要擴建國庫，國庫裡面可以放金錢，也可以放兵器。擴建之後，金錢多了，兵器多了，將來可能就會打仗了。魯國的國君與孟氏、叔氏、季氏三家一直不合，如果擴建國庫，將來力量越來越大，必然造成內部更複雜的狀況。所以閔子騫說，依照原來的就好了，何必擴建呢？「仍舊貫」，就是照過去的方式來做就好了。從孔子的評論可知，閔子騫平常不愛發表言論，而是默默做事，但他頭腦很清楚，德行也很高。

再回顧有關閔子騫孝順的篇章。能被孔子稱讚孝順，的確不容易。我們從二十四孝的故事裡知道，閔子騫小時候母親過世了，父親娶了後母，後母又生了兩個兒子。後母比較偏心，家裡面好吃的，好穿的，都給了兩個弟弟，因爲是她自己生的。閔子騫就受到虐待了。

有一年冬天，他穿著無法禦寒的稻草棉襖，兩個弟弟穿的是眞正的棉襖，十分溫暖。父親叫他拉車幫忙家務，他拉不動，父親生氣了，一鞭子把棉襖打破了，露出裡面的稻草。父親這才明白了眞相，非常生氣，就要把後母休掉。閔子騫跪求父親，說：「母在一子寒，母去三子單。」母親在的話，只有我一個兒子會冷，但是母親離開的話，三個兒子都孤單了。因爲他的後母是兩個弟弟的親媽，把她趕走，兩個弟弟也變成和閔子騫一樣沒有親娘疼的孩子了。這些話，讓千載之後的我們聽到也眞是感動啊！想想看，後母受到這樣的教訓，從此一定會對閔子騫視如己出。而兩個弟弟知道這件事後，也一定對這個哥哥特別敬重。所以孔子說閔子騫爲人孝順，別人對於他父母、兄弟稱讚他的話都沒有任何懷疑。一般情況，家人的讚美，外人聽了多少會打折扣，但是閔子騫是個例外，說明他的孝順實在是無法挑剔。孔子有這樣的學生，當然很高興。因爲一個孝順的人，在社會上待人接物一定也非常友善。孟子說：「老吾老以及人之老，幼吾幼以及人之幼」。我在家裡尊敬自己家的長輩，到了外面，就會尊敬別人家的長輩；我成爲大人之後，照顧自己家的晚輩，到了外面，也會照顧別人家的晚輩。這是「推己及人」。反之，在家裡對父母不孝順，到外面對長官卻很有禮貌，又能夠敬老尊賢，與同事相處融洽，那一定不是出自眞心的表現。因爲人的生命是連續的，不可能長時間僞裝。所以，修養是一貫的，由內而外眞誠待人，而非八面玲瓏，討每一個人歡心。

儒家一直強調眞誠，如果沒有眞誠做基礎，人的修養是無源之水。我經常提到研究儒家的一位學者朱熹，朱熹注解的《論語》有些地方值得商榷，但他寫的一首詩卻講得很對：「半畝方塘一鑑開，天光雲影共徘徊。問渠哪得清如許，爲有源頭活水來」。水何以如此清澈呢？正因爲它有源頭活水。源頭活水就是我們眞誠的心，從根本做起，在家裡面與父母、與兄弟姐妹相處是眞誠的，推而廣之，到外面去才能夠一樣的眞誠。所以在中國傳統思想裡，會說「一家仁，一國興仁」（《大學》）。在《易經》裡面有個卦叫做家人卦，風火家人。內卦是火，代表溫暖，一家人有溫暖的情感。外卦是風，就把這個溫暖的情感吹到整個社會。這就是推廣的力量。

【第161講】

《論語・先進第十一》第九章、第十章的主題幾乎是連在一起的，都談到顏淵過世的事情。第九章是這樣的：

顏淵死，子曰：「噫！天喪予！天喪予！」

顏淵死了，孔子說：「噫，天亡我也，天亡我也！」

這段話含著很深的哀傷。顏淵是孔子最好的學生，他的學習，在孔子看來，只見到他進步，沒見到他停下來。但是這樣的學生居然比孔子還早兩年過世，所以孔子受不了，他說「天亡我也」。這說明孔子眞的相信天。他說天怎麼沒有注意到我的學說要往下傳，是需要顏淵來接班的呢？因爲孔子比顏淵大了三十歲，照正常的情況，顏淵至少可以比孔子多活幾十年，可以把他的學說、他的思想、他的理想，加以發揮及實現。如今，成了我們常說的「白髮人送黑髮人」。孔子相信天給了自己使命，這天命將來怎麼傳下去呢？孔子當然不可能想到一百多年之後會有孟子，這是不可預測的。就孔子來說，眼看別的學生都不夠好學，不像顏淵一樣，他所謂一以貫之的道，就要停下來了，內心是非常痛苦、非常難受的。我們可以作一個簡單的對照。比如說基督徒都知道（我有時舉基督徒的例子，是因爲這個世界上基督徒很多，將近二十億。所以我們要了解這個世界上的人在想什麼，大家了解一點基督徒的思想是有幫助的），耶穌被釘在十字架上，說了一句話，他說：我的天父啊，你爲什麼捨棄了我？我們看這兩位歷史上的偉人，他們在生命將要結束的時候，都有共同的感歎。所以，我們可以了解，孔子的哀歎代表人類共同的悲傷。

接著與本章有關的就是第十章了。

這一章的原文：

顏淵死，子哭之慟。從者曰：「子慟矣。」曰：「有慟乎？非夫人之爲慟而誰爲？」

顏淵死了，孔子哭得非常傷心。跟隨在旁的學生說：「老師過度傷心了。」孔子說：「我有過度傷心嗎？我不為這樣的人過度傷心，又要為誰過度傷心呢？」

這段話的意思很明白了。孔子哭得很傷心，同學們一定沒見過老師這樣哭。孔子的兒子孔鯉，比顏淵還早一年過世。那眞是白髮人送黑髮人，孔子肯定哭得也很傷心，這是可以理解的。顏淵過世的時候，孔子七十一歲了，哭得也非常傷心。弟子們覺得孔子爲兒子哭得那麼傷心可以理解，爲顏淵哭得一樣傷心，是不是有點過度了？因爲儒家講究喜怒哀樂要「發而皆中節」，情感的表達最好能夠適度。孔子也強調，讀《詩經》時，哀而不傷，悲哀但不要傷痛。學生們因此有一些疑惑。孔子說：我有過度傷心嗎？我不爲這樣的人過度傷心，要爲誰過度傷心呢？說明孔子並不否認他可能傷心得過度，但是同學們覺得他過度，他自己不覺得過度。既然講「發而皆中節」，這個節要配合外在的要求，也要配合內在眞誠的情感。因爲我就是這麼傷心啊，我並沒有故意裝出特別傷心的樣子引人注意，而是身不由己，心裡面的傷痛就這樣表現出來了。學生們聽了之後，一方面理解了，另一方面一定也覺得難過。如果是別的學生過世了，老師肯定不會那麼傷心。

我們學儒家一定要記得：我們與別人來往，首先內心情感要眞誠，其次對方的期許要溝通，不能忽略對方的期許。彼此之間的感情，只有兩個人知道，不能用泛泛的話來說明。比如師生之情，天下有多少老師、多少學生，就有多少種不同的老師和學生的感情。並沒有一定的規格來限定老師和學生的感情，那是外在的。父母子女之間的感情也是如此。每一家人都不同，同一家人，兄弟姐妹也不同。我們家裡七個兄弟姐妹，我們每一個人和父母之間的感情也不太一樣。同樣的，父母對我們七個兄弟姐妹也有不同的感情。其實大家都知道，爸爸特別喜歡哪兩個，媽媽特別喜歡哪兩個，不自覺地就會表現出來，另外三個自己看著辦吧。大家心裡都有數，其實沒有關係。我們對父母親也一樣，比如我，似乎我對母親感情比較深一些。每一個人最主要的是要眞誠，與別人交往，不管是什麼樣的關係，都要記得別人對自己也有某種期許和要求，彼此要溝通。要求太多，自覺做不到，請對方降低；要求太少可以提高。然後，第三點考慮是遵守社會規範，如此就可以維持人間的秩序了。

這兩段是孔子最傷心的時候，甚至說「天喪予」。常言道「男兒有淚不輕彈，只是未到傷心時」。孔子也是個平凡人，有豐富的情感，更有偉大的使命感，希望學生可以接他的棒來爲社會做更多的事。

【第162講】

本講要介紹的是《論語．先進第十一》第十二章。本章的原文是：

季路問事鬼神。子曰：「未能事人，焉能事鬼？」曰：「敢問死？」曰：「未知生，焉知死？」

子路請教如何服侍鬼神。孔子說：「沒有辦法服侍活人，怎麼有辦法服侍死人？」子路又問：「膽敢請教先生，死是怎麼回事？」孔子說：「沒有了解生的道理，怎麼會了解死的道理。」

這段話的重要性在於其中談到生死，也談到人與鬼神相處的問題。但是好問題被一個不太適當的人提出來了。我們說子路不太適當，並沒有任何不敬的意思，而是因爲子路屬於行動派，任何事情他知道了就要去實踐，他實在不適合做比較抽象的思考，或者比較形而上的探討。這與個性和能力有關。如果這個問題由顏淵提出，孔子的回答應該是不同的。由子貢來問，回答肯定也不一樣。事實上在《禮記．祭義》裡，宰我曾經請教過有關鬼神的問題，孔子的回答就長篇大論了，談到鬼是怎麼一回事，神是怎麼一回事。外國人學我們中國的思想，對中國古代的鬼神觀也很有興趣，談到古代的鬼神觀就一定引用到《禮記》的那一章，由此可知孔子確實因材施教，這是我們首先要了解的。孔子是回答子路才這樣說，有些人就通過這一章說孔子不了解何謂鬼神，或者再進一步認爲孔子不了解何謂死亡。說孔子不懂得死亡，這話帶有批評的意思，好像說孔子的功力不夠，只能談生命活著的道理。我覺得根據這一章去做那樣的評論，是非常不公平的。如果一定要講一個字怎麼出現怎麼使用，我曾經做過簡單的統計，在《論語》裡，生命的「生」出現十六次，死亡的「死」出現三十八次。「生」雖然出現次數比較少，但是哪一章不是在討論生、生命、生活？同樣不能忘記的是，死亡的「死」出現三十八次之外，還有很多與死亡類似的詞，比如「殺身成仁」，殺身不就是死嗎？可見孔子並沒有忽略死亡這個命題。

所以我們在這一章就要了解，子路比較適合從事具體的工作，所以他請教如何服侍鬼神，很可能讓孔子吃了一驚，他回答說你還不懂得如何與活人好好相處，怎麼有辦法與死人相處呢？鬼神都是過去的人。先盡到自己的責任，和別人好好來往，使大家都可以有秩序、很和諧，這些做到了，再說怎麼去祭拜祖先吧。這是孔子的原則，很合理。

再看什麼是死亡。孔子說：還不了解什麼是生的道理，也就是還不了解活著是怎麼一回事，何必探討死亡呢？因為死亡並非經驗，是不能夠成為探討題材的。所謂經驗是經歷過了之後才加以訴說。有誰能經過死亡再回來呢？西方的研究很強調「瀕死經驗」，接近死亡的經驗。一個人幾近乎死亡，靈魂離開了身體，眞的有這樣的資料記下來。有的人說，發生車禍之後躺在醫院，然後，看到醫生怎麼樣解剖自己的軀體進行急救，清楚的看到醫生的長相。恢復過來之後，發現果然是那位醫生。靈魂離開身體觀察自己被急救的樣子，的確有很多資料可以證明的。但是，這也不等於是生命結束了。很多人說，人在生命結束的時候，會經過一個白色的通道，這時候看到很多已經過世的祖先，來迎接自己。在西方電影裡有不少這樣的畫面。這個我們姑妄言之，姑妄聽之，表示尊重就好了。事實上重要的不是這些，重要的是孔子說，要考慮當下如何活著。活著的時候，如果能夠把人的責任統統盡到，對死亡有什麼好擔心的？「人生自古誰無死，留取丹心照汗青」，這是有名的句子。孔子若不懂死亡的話，怎麼可能會公開說，「朝聞道，夕死可矣」？早上聽懂了人生的理想，晚上要死也無妨。

對孔子來說，因材施教執行得很徹底，他不會對不適合的學生說一些特別的話。若能對照看《禮記．祭義》裡，他告訴宰我有關鬼神的話語，就會更明白孔子的觀點。千萬不能因爲這段話，就得出孔子不懂死亡的結論。眞正的哲學家沒有不懂得死亡的。

【第163講】

《論語・先進第十一》第十五章。這一章的內容：

子曰：「由之瑟，奚爲於丘之門？」門人不敬子路。子曰：「由也升堂矣，未入於室也。」

孔子說：「由所彈的這種瑟聲，怎麼會出現在我的門下呢？」其他的學生聽了這話就不尊重子路了。孔子說：「由的修養已經登上大廳，只是還沒有進入深奧的內室而已。」

這段話是孔子教學的另外一個例子。由就是子路，子路也練習彈瑟。孔子教學生的內容是禮、樂、射、御、書、數，六藝。學習樂就要彈瑟，這是必修課。子路顯然彈得不太好，但還是要學。孔子皺眉頭說，子路的這種彈瑟聲，怎麼會出現在我門下呢？子路因爲個性非常豪爽，他喜歡的就是從政做官、帶兵作戰，武的方面比較擅長，文的方面，比如藝術科、音樂科，可能略差些，所以才有這段資料。可見，孔子對學生的批評也很直接。瑟彈得這麼差，我的學生怎麼會有這樣的水準呢？也有人說，子路彈瑟的時候，出現了殺伐之聲。殺伐之聲，就是要打仗了。如果子路眞的可以彈出打仗的心聲，那代表他琴藝很高，能夠傳達心意了，我不這樣認爲。一個人彈瑟如果可以表現出他的心裡想著作戰，那已是一流高手，孔子就沒有理由要去批評他了。子路應是疏於練習，彈得不太理想，所以孔子皺眉頭講了這樣的話。結果，「門人不敬子路」。說明同學們對子路本來是很尊敬，一方面子路年紀比較大，在同學裡面是大學長，只比孔子小九歲。別的同學大部分都小三十歲、四十幾歲的，年紀很輕；另一方面，是因爲子路爲人很勇敢，個性比較直爽。經過老師這樣一點評，好像子路的音樂科不及格，同學們就不再尊敬他了。老師一看這不好，就幫子路說了一句話，說子路已經登堂，只是還沒有入室。

今天「登堂入室」已經是一句成語。古時候的建築，堂代表客廳，室代表內室，就是所謂的臥房。堂的外面是庭，庭院。所以到一個人家裡，先到院子。孔子在家裡怎麼生活呢？根據他的兒子孔鯉的介紹，有一次孔子站在堂上，孔鯉趨而過庭，也就是快步走過庭院。當父親站在堂上的時候，面對庭院，做兒子的經過庭院，不能大搖大擺慢慢走，那是沒有禮貌的。孔鯉說，這時候父親叫我停下來，問我學《詩》了沒有？學《禮》了沒有？這段內容，我們後面還會講到。由此可以知道古代家庭的結構，外面是庭，裡面有堂，再裡面還有室。登堂，代表已經上了大廳，比喻已經有一定的水準，只是還沒有到最深奧的境界。學任何東西，都有可能達到深奧境界的程度，所謂「行家一出手，便知有沒有」。

從本章的內容，我們可以看到孔子如何教學生。孔子的教學，一向是強調全人教育。今天全世界的教育家都重視全人教育，一個人在社會上，只要能表現某種專長，就是一個人才，但除了專業教育外，每個人都需要接受人格教育。人格教育並非立刻使人變成君子，但至少會懂得自我反省。一個人念書的成就，要看他學習方面的智商。智商一百，代表具有平均水準，智商一百二十，代表超過了同年齡的人。智商八十，學習就比較辛苦了。有部電影叫做《阿甘正傳》，主角阿甘的智商只有七十，以他的智商只能念完小學，但他後來念完了大學。他自己說是靠跑步跑完大學的。因爲他小時候腳不好，常被人家欺負。有一個女同學是他鄰居，鼓勵他多跑，別讓別人欺負，他就拚命跑。這個人智商很低，但做事很專注，就靠這一點，勝過大多數人，一直上了大學。在大學裡面，比賽橄欖球的時候，他每次抓到球，一跑就跑到終點，沒有人趕得上他。阿甘一路跑，跑出自己的人生，可以拍成電影。所以智商高低不要太在意，重要的是有這一方面的缺點，就要發揮相對的優點。在《阿甘正傳》裡面，別人都說阿甘是一個笨人。但是他做任何事都很專注，到最後，反而比一般聰明人表現更傑出。

如果我們在學習的某一方面不太好，也不要擔心。孔子鼓勵子路，說他已經登堂但尚未入室，還可以繼續深造。我們從中可以得到在學習、在教育方面的啓示。

【第164講】

《論語・先進第十一》第十六章。原文：

子貢問：「師與商也孰賢？」子曰：「師也過，商也不及。」曰：「然則師愈與？」子曰：「過猶不及。」

子貢請教：「師與商兩個人誰比較傑出？」孔子說：「師的言行過於激進，商則稍嫌不足。」子貢說：「那麼師要好一點嗎？」孔子說：「過度與不足同樣不好。」

古人講話時提到同學都直接叫名字，所以我們這裡就要說明一下。師就是子張，商就是子夏。子張與子夏年齡差不多，表現各有特色。所以子貢才請教這個問題，要老師來點評一下，看這兩個同學誰比較好。

孔子對於學生眞是了解，他說子張比較激進。就我們目前所知，子張是《論語》裡面最年輕的學生，比孔子小了四十八歲，將近半個世紀。但是他年紀小，志氣高。子張這個學生一定是相貌堂堂，很有自信的，他問過許多別人沒問的問題。早期曾請教老師將來怎麼求職找工作，這麼現實的問題，他也不在乎，反正自己年紀輕，提什麼問題老師也不會笑話。還有很多好問題，比如何謂「明」（明代表一個人能夠看得很清楚，不會被遮蔽），如何做君子，如何從政等。總之，子張志向很高，常常覺得自己可以有一番作爲。

相對的，子夏就比較內向，性格有一點懦弱。孔子曾經勸過他，「女為君子儒，無為小人儒」。這是很特別的一段話，我們這兒可以順便介紹一下。儒，在孔子口中說出來，說明古代就有「儒」這個稱號。我們今天講儒家，千萬不要以為「儒」的稱呼也出自孔子。古代有兩種人教育百姓，一是師，另一種就是儒。孔子希望他的學生子夏，要做個像君子一樣的儒者，而不要做像個小人一樣的儒者。孔子會這樣說，是因為子夏的格局、氣度太小，注意很多細節，放不開。「小人」代表就像小孩子一樣，只顧自己的需要；君子則是心胸開闊，可以做到無私，這樣的儒者教導百姓才能有效果。所以「儒」本身是一個名稱，我們可以做君子那樣的儒，也可以做小人那樣的儒。儒，代表有一點學問，但有學問並不等於就是君子。換言之，一個人有學問也可能是小人，因為他只顧自己。如果要成為君子儒的話，還需要有特別的修養。從孔子告訴子夏的這句話，可以知道子夏確實有些地方需要改善。

孔子說子張個性比較激進，總積極努力的想做一番事業，至少要把他的學問設法做得更好。而子夏有點「不及」，就是沒有達到應該有的標準。子貢聽了之後就說：這樣看來的話，子張比較好吧。因為一般人都認為，過度一點比較好，至少很積極啊。孔子的回答實在精彩，說過度與不及都不好。大家千萬不要以為，多做一點總沒錯吧。事實上，過度也會帶來一些問題。《易經》中有小過卦。小過卦就是稍微超過一點。〈象傳〉就特別提到，我們可以在某些方面稍微過度一點，比如說在節儉方面過度一點，在舉辦喪禮的時候過度哀傷一點，與別人相處的時候過度謙虛一點，這些可以。因為用度儘量節儉，稍微過度了，雖然有一點吝嗇的樣子，但沒關係，反正是對自己小氣；參加喪禮的時候過度哀傷，只要是從內心發出的真誠表現就可以接受；與別人相處的時候，稍微過度恭敬，也沒有誰會責怪。《易經》裡面把這三方面特別提出來，言下之意就是，一般來說，過度都不好。

不及，有時候旁人還可以推一把，勉勵他向上；過度，則好像快跑的馬，連韁繩都拉不住。有些人太過度後，停下來，反而什麼都不想做了。很多年輕人都很有理想，是理想主義者，但我們常說，理想主義的旁邊便住著虛無主義。一個人太有理想，一旦理想受到挫折，熱情被澆熄，很容易就變成虛無主義了。什麼是虛無主義呢？就是認爲理想無用，再怎麼努力也都一樣，何必那麼認眞呢？不做也罷，變成很消極、很灰心，什麼都不想做了。人最怕走極端，所以教書最難的就是在因材施教之外，還要注意恰當與否。

儒家的另一本重要典籍《中庸》，有人認爲《中庸》是子思所作，但也有人認爲是子思的學生們，即這個學派所做的，這還有爭論。「中庸」兩字，在《論語》裡出現過，只是我們沒有特別提到，因爲那一章比較抽象。孔子說：「中庸之爲德也，其至矣乎！民鮮久矣。」孔子說，中庸這種德行，實在是最高了。長期以來老百姓已經很少可以做到了。孔子只說明「中庸」是最高的德行。在這裡便做一般的理解，就是說要溫和有節制，做事情不要太偏激。中即中間，庸即平常，走中間的路線，做平常的事，才能夠長期發展。一旦走極端之後，就有後遺症了。孔子說過，不論是喜歡做好事，或者非常謙虛、謹愼、有禮貌，或者非常勇敢、正直，如果沒有禮的節制，後遺症都很嚴重。所以這就是中庸的可貴之處。

孔子說「過猶不及」，這句話對於子張、子夏都是很好的教訓。事實上，除了這兩位同學，其他人一定也會聽到。如果孔子贊同子貢所說過度優於不及，以後大家都趨向過度，誰來收拾這局面呢？

【第165講】

《論語・先進第十一》第十七章。內容是這樣的：

季氏富於周公，而求也為之聚斂而附益之。子曰：「非吾徒也。小子鳴鼓而攻之可也。」

季氏的財富超過魯君，而冉求還為他聚集收斂，更增加了他的財富。孔子說：「冉求不是我的同道。同學們可以敲著大鼓去批判他。」

看到這一段大家或許感到吃驚，孔子的學生們幾乎要發起批判運動了。批判誰呢？批判冉求，也就是冉有。

原因是「季氏富於周公」，這話也挺怪異，周公不是古代人嗎？在這裡我們要了解，周公的兒子封在魯國，後人偶爾會稱魯國國君爲周公，因爲他們是周公代代相傳的子孫。所以，這句話的意思是說季氏的財富超過了魯國國君。當時的情況是四分魯國，除了魯君之外，三家大夫的力量幾乎與他一樣大。尤其是季氏力量特別大。當初，魯國的國君魯桓公有四個兒子，長子接了他的位子成爲魯莊公，另外三個兒子就成爲後來的三家，都有他們各自的地盤和勢力。其中季氏還曾經把魯君趕出國去，立新的魯君。季氏的財富已經比魯君多了，孔子的學生冉有，是他的家臣，居然還幫他聚斂。「聚斂」兩個字，等於是搜刮財富，增加稅收，讓百姓更累了。冉有是一個人才，孔子多次稱讚他，「求也藝」，多才多藝。任何事情交給他都可以放心。孔門四科的政事科中，冉有排在第一，子路這位老學長還排第二。冉有才華高、本事大，但他居然遵照老闆，也就是季氏的要求，幫季氏增加更多財富。孔子知道後當然非常生氣，他一輩子教出幾個好學生，想不到冉有這麼讓他失望。孔子教學生如果有機會做官，一定要首先考慮替百姓服務。如果國君有問題，要設法讓國君改正。大臣的職責要幫國君，否則國君在歷史上會留下惡名，被後人所嘲笑。現在，冉有居然替季氏搜刮更多財富，讓他變得更有錢，這種作為令孔子感到失望與憤怒。孔子說話很少如此嚴厲，他說冉有不是我的同道。這裡所謂的「非吾徒也」，「徒」不要理解為學生，而是代表同類。就是說，冉有不是我們這一類人，不算我的同道。鳴鼓而攻之，這也是現在的成語，敲著大鼓去批判他。攻，意思是批判。我們以前說過「攻乎異端斯害也已」，如果你批判不同的學說，就會帶來禍害與後遺症。在《論語》裡，攻，指「批判」。孔子說各位同學可以敲著大鼓去批判他，代表可能要公開決裂了。這個學生畢業之後，完全忘記了老師的教導，只為個人的榮華富貴去讓他的老闆滿意，悖離了老師的理想，孔子不要這樣的學生。

我們也很痛心，冉有這時候成為一個反面教材。他固然是多才多藝，書念得好，能力又強，但是，他有許多事情做得實在不好。像他以前公開對老師說，我不是不欣賞您的人生理想，但是我力量不夠啊。孔子當時對他說：「力不足者，中道而廢，今女畫」。力量不夠的話，走到一半走不動了，真的是沒力氣了，就停下來。別人看你很努力的走了一半，也會覺得你是一個有為的青年。現在你是畫地自限，不走了，你還說你力量不夠，那不是找臺階下，太沒有志氣了嗎？冉有令孔子失望，也給了我們一些提醒，反省自己的所作所為，都能遵循老師的教導嗎？都還記得父母的期許嗎？不一定啊。很多時候我們會依照老闆的要求，反正給我們升官發財的機會，我們就照著做了。請問這些老師在學校辦教育，教一代一代的學生，不是覺得很遺憾嗎？冉有就是一個負面的例子。孔子對他期許很高，多次提到他是一個人才。但是人才的人格不見得好，我們一再強調孔子的教育，絕不忽略人格教育。忽略人格教育就無法堅持原則了，道義放兩旁，利字擺中間，只問利害而不問是非了。早知如此，何必當孔子的學生呢？跟著孔子學，最後也只學到升官發財，那不是太冤枉了嗎？讓老師徒然寄予這麼大的期望，這麼認眞辛苦地教導，結果並沒有掌握到孔子眞正的精神。

孔子的理想很清楚，我們再簡單說明。人性向善，我們只要眞誠，就有力量由內而發，要求自己去行善。而善就是我們和別人之間適當關係的實現。了解了這一點之後就會發現，如果要把人性充分實現，一定不能離開人群，要盡力把自己與人群的關係做到最適當。意即只要自己有能力就儘量服務別人，讓這個社會因爲我們的努力而變得更好。所以與父母相處要孝順，以此推展到天下人，都要有適當的關係。這樣，能力越強、機會越好，可以做的就越多，如果在社會上出頭的話，那才是社會的福氣。

孔子教學生，就是這樣的理想，這樣的目標。學生既然學儒家，學《論語》，想了解孔子，當然要知道他的志向，他是要讓天下的老年人都得到安養，做朋友的都互相信任，青少年都得到好的照顧，不是只照顧我家、我國，而是天下人。作爲孔子的學生，冉有的表現確實値得檢討。但我們也不要擔心，冉有後來的表現還是不錯的，也就是說在得到老師的教訓之後，他還是會改善的。

【第166講】

《論語・先進第十一》第十八章、第十九章，這兩章非常特別，都談到孔子的幾位學生各有什麼樣的性格、什麼樣的作爲。

現在先看第十八章：

柴也愚，參也魯，師也辟，由也喭。

孔子這四個學生，各有各的特色，而這些特色顯然是偏向缺點方面。

第一，柴，生性愚笨；第二，參，生性遲鈍；第三，師，生性偏激；第四，由，生性魯莽。

柴就是高柴。孔子認爲他愚笨，他雖然非常孝順，但是孝順的方法不太得當。他在母親過世以後非常傷心，哭到眼睛流血。我們都知道，眼睛流血表示傷害身體很嚴重。因父母過世而傷心是合情合理的，但是過度傷心甚至傷害了身體就不好了，應記得自己還有家庭，還有子女需要照顧，還有大好人生要負責；要記得父母親希望子女好好活著，健康地努力工作，讓家庭可以代代傳下去。所以子女的悲傷應該適可而止。高柴在這一方面想不開，顯得愚笨了。

第二位曾參。曾參比較遲鈍，比如他以前聽到孔子說要孝順，他就很孝順。結果爸爸生氣了打他，他不躲不避，讓爸爸打到氣消爲止。如此一來，萬一被打傷，爸爸會被人嘲笑。孩子乖順的接受父親責打，父親反被人嘲笑，孩子雖乖順但還是不孝。所以孔子教他，以後父親打你時，大杖則逃、小杖則受。父親拿大粗棍子就跑，父親拿小的棍子就被打吧。但是對曾參來說要判斷棍子粗細不容易，恐怕還沒判斷完就已經挨了一頓打。所以孔子說他比較遲鈍。但這是天生的，可以靠著學習不斷改善自己。

前面兩位同學的問題都是在智商方面，即學習的能力上稍微差一點。

接著是子張。子張生性比較偏激，是目前知道的孔子最年輕的學生，表現非常傑出。若要選孔子表現最好的幾位弟子，子張一定會包括在內。子張的偏激常表現在他的好高騖遠，同學們與他相處難免會有壓力。因爲大家會覺得這個人不好溝通，朋友便會越來越少。子張個性偏激與情緒智商有關，和別人互動協調也有困難。另外一位情緒智商也有問題的是有名的子路。子路生性魯莽有不少例子，孔子也說過，「野哉由也」，這麼魯莽、粗糙，讓人對他有點無能爲力。

人人都有缺點，既名爲缺點，應該沒有任何一項會令人喜歡，尤其「愚」和「魯」，一般人更不喜歡。但是宋朝大文豪蘇東坡，他有一次幫小兒子洗澡，隨手就寫了一首詩，詩名爲〈洗兒〉，他說：「人皆養子望聰明，我被聰明誤一生。惟願孩兒愚且魯，無災無難到公卿。」別人都希望孩子聰明，但是我蘇東坡被聰明誤了一生，到處樹敵，各種黨派之爭都被牽連，還屢次被下放。所以我現在希望這個小孩愚且魯。有誰眞的希望小孩愚且魯呢？蘇東坡寫完這一句之後接著說，最好這個小孩一生都沒有災難，做到公卿、宰相的位置。天下父母心，都喜歡做白日夢，蘇東坡也不例外。哪裡有無災無難可以做到大官的？不可能。

孔子的學生眾多，當然包含各種不同的人，並非個個都是傑出人才，孔子的本事就在能讓平凡的學生展現自己的優點，並修正自己的缺點。

〈先進篇〉第十九章。

子曰：「回也其庶乎，屢空。賜不受命而貨殖焉，億則屢中。」

孔子說：「回的修養已經差不多了，可是常常窮得一文不名。賜不受官府之命所約束，自行經營生意，猜測漲跌，常常準確。」

這兩位同學也是我們熟悉的。第一位是顏淵。孔子說顏淵的修養已經差不多了，但是經常口袋空空，窮困得不得了。因爲他不太在乎經濟方面的問題。第二位子貢就不同了。子貢不受官府之命，古代做生意要到官府申請執照，還要納稅。但是春秋時代末期這些規定已經荒廢了，很多人沒有執照也做生意。子貢非常聰明，他就開始自己做生意。司馬遷《史記》裡面有一篇列傳，叫做〈貨殖列傳〉，就源自於這裡。換句話說，孔子說子貢「貨殖」，就是把貨物拿來讓它增值，即把貨物搬到那邊去，那邊再搬一點過來，在互通有無中間將本求利。子貢做得很好，猜測漲跌常常準確。就好像今天有些人買股票，一買就漲，變成股神了，那非發財不可。子貢也有這樣的本事，「億則屢中」，億就是猜測，他屢次都能猜中。

這段話正好說明，孔子並沒有反商情結。有些人說儒家講道義，儘量不談做生意、賺錢等事，其實不然，子貢就是例子。有「儒商」一詞，既有儒家的精神又能夠好好做生意。但是要有什麼條件才能成爲儒商？這是值得研究的。有人問過我，應該先商再儒，還是先儒後商呢？憑心而論，先儒後商成功的機率不大，常常覺得要道義爲先，做生意時心裡壓力就大；先商後儒還有可能，發了財之後去念國學班，學會儒家，慢慢調整經營策略，能夠照顧員工，造福社會，這也不錯。所以，先商後儒較爲可行。

上述這六位同學，有的是智商有些問題，有的在情緒智商上有問題，與別人相處有困難。至於顏回和子貢，他們對自己的生活處境也各有處理方法。顏回是安貧樂道，子貢通過做生意改善生活，只要手段正當，也可以得到肯定。從孔子學生的多樣性，我們知道每一個人都可以向孔子學習，或者選擇孔子學生中的幾位來效法。

【第167講】

《論語・先進第十一》第二十章、第二十一章。這兩章的意思也很接近，我們先看第二十章。

子張問善人之道。子曰：「不踐跡，亦不入於室。」。

子張請教善人的作風如何。孔子說：「他不會隨俗從眾，但是修養也還沒有抵達最高境界。」

這段話何以值得注意呢？因爲一般人會把善人與仁者混同。何謂「善人」？自古以來，任何社會、任何地區都有善人，當然相對的也有惡人。在同一個鄉村裡，時間一長，大家都知道某些人是善人，另外一些人是惡人。有人或許有疑問，既然自古皆有，何必要強調孔子的想法呢？要知道，一般社會上，古今中外所謂的善人，都是因爲外在行爲做了好事，但善人有兩點比不上仁者：第一，善人是因爲社會上的要求與期許，別人會給予掌聲，所以做好事，但他未必知道爲什麼應該要做好事。換句話說，他並沒有發自內心主動去做好事的意願，並不了解人性向善的道理。相對而言，知道爲什麼要做好事是仁者的特色，他是眞誠由內而發，內在有做好事的要求。這是善人與仁者不同的第一點特色。第二，善人做好事，但很少聽說有殺身成仁的——爲了做好事犧牲生命也心甘情願。孔子說「殺身成仁」，孟子說「舍生取義」。犧牲不是放棄生命嗎，怎麼又完成了人的理想呢？這是非常複雜的一個思想，要特別注意這兩句成語的第三個字，「成」和「取」。一般人說，我都犧牲了生命不是失去嗎？錯了，孟子說你舍生「取」義，得到了；

孔子說你殺身「成」仁，完成了。儒家思想的關鍵就在這裡。如果只是叫別人做好事、做好人，並不需要儒家。哪一個社會不希望大家做好人、做好事？儒家提出「仁」這樣的觀念，與一般泛泛地說行善並不相同，因爲如果要犧牲生命，一定得先了解人的生命是怎麼回事。

子張這位年輕有爲的學生，直接請教善人的作風如何。孔子也說過，善人我沒見過，能夠見到有恆者就不錯了。這裡所說的「善人」的境界好像特別高。其實孔子是要強調沒有人是完全的善人。比如我是好學生，但不一定是好的子女；我是好的子女，但不一定是好的朋友；我是好的朋友，但不一定是好的兄弟。所以一個人各方面都要做到善，實在是太難了。在這個意義上，孔子說他沒有見過善人。就一般來說，什麼是善人的作風呢？孔子說，他不會隨俗從眾，就是像一般人那樣跟著世俗風氣去轉。但是，他也還沒有達到最高的境界。我們會聯想到子路彈瑟，孔子說過他已經登堂但尚未入室。

從這兩句話就看得出善人的特色了，他不至於同流合污，但是也達不到最高境界。最高境界就是行仁。所以孔子才要教學生們明白什麼是仁，先要知道爲什麼這樣做，然後要擇善固執。善與仁的差別就在這裡。

接著我們看第二十一章。原文是：

子曰：「論篤是與，君子者乎？色莊者乎？」

這與前面所說的善人有點關係。

孔子說：「言論篤實固然值得肯定，但也要分辨他是言行合一的君子，還是面貌顯得莊重的人？」

君子說話很篤實、很實在，同時可以言行合一。而另外一種人說話也很篤實、很實在，但只是面貌顯得莊重而已。他外表顯得莊重，好像很嚴肅的樣子，但內心並沒有眞正的體會，因而言行不一致。的確，一個人書念多了之後，受過高等教育，他在許多地方確實可以表現得人模人樣，像是很有文化素質。但他如果不是言行合一，就僞裝不了很久。就好像有些人行善是因爲外面的各種誘因，有各種條件讓他行善，不像仁者是由內而發。君子也一樣，他言論篤實，是因爲他內心有一種眞正的理解。

一個人做人處事是由於外在的影響，那是被動的；出於內在眞誠的力量，那是主動的。我們講儒家的各種思想，很多人希望能簡單用一句話說明孔子的原則。孔子的原則就是希望大家這一生化被動爲主動。人從小都是被動的，做了好事會得到父母鼓勵、老師稱讚、同學們的掌聲，便覺得做好事很愉快，很願意做。但是哪一天如果沒有了這些外在的鼓勵與支持，還會做嗎？不一定。因此有些人在家鄉表現得不錯，到了外地就完全不守規範，因爲他心中湧現了解脫的感覺。記得很久以前我在荷蘭教書，在街上走路忽然覺得很開心。因爲完全沒有人認識我，別人只看到一個東方人。在國內時我走路有點拘謹，在大學任教幾十年，走在校園裡，隨時都有學生盯著看，走路當然要有走路的樣子、說話也要有說話的樣子。難道我是裝的嗎？其實也不能說是裝的，而是配合環境要求的表現。但是到了一個陌生的地方，忽然發現自己變成一個陌生人，沒有人認識你，眞的有點解脫的感覺。那個時候更要看自己的修爲，雖然沒有人認識我，我還是老老實實、規規矩矩，做我該做的事。

所以我們這一章看到孔子強調的是：仁者比善人更爲重要，君子比只做表面工夫的人更爲重要。

【第168講】

《論語・先進第十一》第二十二章，這一章內容比較長。

子路問：「聞斯行諸？」子曰：「有父兄在，如之何聞斯行之？」冉有問：「聞斯行諸？」子曰：「聞斯行之。」公西華曰：「由也問聞斯行諸，子曰『有父兄在』。求也問聞斯行諸，子曰『聞斯行之』。赤也惑，敢問。」子曰：「求也退，故進之；由也兼人，故退之。」

子路請教：「聽到可以做的事就去做嗎？」孔子說：「父親與哥哥還在，怎麼能聽到可以做的事就去做呢？」冉有請教：「聽到可以做的事就去做嗎？」孔子說：「聽到可以做的事就去做。」公西華在旁邊就問了：「當由請教『聽到可以做的事就去做嗎』，老師說『父親與哥哥還在』。當求請教『聽到可以做的事就去做嗎』，老師說『聽到可以做的事就去做』。我覺得有些困惑，冒昧來請教。」孔子說：「求做事比較退縮，所以我鼓勵他邁進；由做事勇往直前，所以我讓他保守些。」

這是非常典型的因材施教，孔子對兩位個性對照鮮明的同學，就給出完全相反的建議。我們發現教書其實挺困難的，因為同學太多了，一班有幾十人，老師怎麼可能了解每一個人的個性呢？上課只好照本宣科，上完課之後有問題提出來，而通常提問題的都是那幾位特別用功的學生。他們的問題得到解答，但是別人呢？可能還有其他問題，但有些同學比較內向不太說話；也有同學從來不提問題，考試成績卻不錯。像顏淵就從來不提問題，孔子原先以爲顏淵比較笨，結果發現他全懂了。

本章，子路、冉有兩位同學提問題，這二人正好同在政事科，能力都很強，可以做官。子路問，聽到可以做的事就去做嗎？請注意，我特別翻譯成「聽到可以做的事」，而沒有翻譯成「聽到應該做的事」，這一點要明辨。如果是「應該」做的事，那還有考慮的餘地嗎？不能說有父親、哥哥在，讓父親、哥哥先去做應該做的事。「可以」，說明有選擇性，不是非做不可的見義勇爲。孔子還說過「當仁不讓於師」，遇到應該做的事，對老師也不要客氣。比如我們很多老師、同學坐在車上，老太太上車了，同學們說「老師您先示範讓座」，那不行。年輕人這時候就應該記著這句話，遇到該做的事對老師也不要客氣，立刻站起來讓座。別的事情就讓老師先，上車老師先上車，吃飯的時候不要忘記老師先請。但是遇到該做的事，有行仁的機會，可以做好事了，卻說「老師您先做」，那就不對了。子路個性很直爽，也比較急躁，所以孔子對他說，你的父親跟哥哥還在，不要急，不能聽到什麼可以做的事立刻做，要回家徵詢父與兄的意見。從這段話可以知道，子路在家裡不是排行老大。接著冉有來了。冉有如果聽到子路得到的答案，他可能會覺得：老師的回答很適合我，我比較內向比較退縮，讓父親和哥哥來決定吧。結果他請教同樣的問題，孔子說，立刻就去做。這時候旁邊有個同學名叫公西華，他就問了，老師，前面子路請教，您說有父與兄還在，不能聽了立刻就做；接著冉有請教您同樣的問題，您說立刻就做。學生覺得很困惑，想請教老師怎麼回事呢？孔子說，子路這個人做任何事都會勇往直前，所以我讓他保守一點；冉有個性太退縮了，所以我推他一把。「由也兼人」，「兼人」就是喜歡超過別人；「故退之」，「退之」這兩個字說得很好，唐朝有一位大文豪叫做韓愈，字退之，就取自於這裡。韓愈的「愈」意思是比較突出、多一點，字「退之」，退一點，這一來的話，名與字正好配合，符合中庸之道。

我們可以看到孔子如何教導學生，這兩個個性完全不同的同學對照起來，真是非常精采的一段教學示範。當然，現在也一樣有很多好老師，但今天的老師教的學生確實太多，不太可能像孔子一樣針對每個學生的特性來教學。但是有機會時若能給予適切的引導，相信學生必能獲益無窮。

【第169講】

《論語・先進第十一》第二十三章。這一章的內容是：

子畏於匡，顏淵後。子曰：「吾以女爲死矣。」曰：「子在，回何敢死？」

孔子被匡城的群眾所圍困，顏淵後來才趕到，孔子說：「我以為你遇害了呢。」顏淵說：「老師活著，回怎麼敢死呢？」

本章可以和孔子在匡城被圍加以聯繫。根據《莊子》的記載，當時情況確實危急。在《論語》中，孔子把天提出來，他說：「天之未喪斯文也，匡人其如予何？」如果上天還不讓我們的文化傳統滅絕的話，匡城的百姓能對我怎麼樣呢？這代表孔子很有自信，他認爲當時是亂世，只有他一個人這麼用功努力把古代的「五經」、「六藝」全部掌握住了，知道如何治理一個國家，如何傳遞人生的理想，如果自己不幸遇害的話，這個文化不就停下來了嗎？當然這也不是不可能，孔子確實也暗自擔心。將來我們會看到孔子對管仲特別稱讚，他說如果沒有管仲的話，我們早就被四方落後的國家消滅了，「吾其披髮左衽矣」，我們就披散著頭髮，衣襟向左邊開了。披散著頭髮，衣襟左邊開，是當時的夷狄的打扮。孔子稱讚管仲，就因爲管仲維繫了中原的文化傳統。孔子只有在生命碰到危險的時候，才會把他眞正信仰的對象抬出來。因爲他認爲自己周遊列國是順天命，不是爲了自己。

在匡城被圍時顏淵不在現場。可能因爲趕路慢了一點，也可能是因爲沒吃飽，體力不好。同學們的隊伍已經往前走了一段，顏淵與另外幾個體力比較差的同學在後面慢慢走。他們師生多人周遊列國時，偶爾會有人落後。子路也曾經落後，他落後不是因爲身體不夠健康，跑得不夠快，很可能是孔子叫他去採買。子路買了東西之後，回來找不到老師和同學，就在路邊到處找人問。這次顏淵比較慢才趕到，老師見到最好的學生恍如隔世，那種感受是很深刻的。我以前不太了解這種感情，聽一位老師說，他離開家鄉四十年，再回國的時候遇到以前的大學同學，一見面兩個人就抱頭痛哭。我也有一個老師輩，他在兩岸隔絕幾十年之後，重新回到他在大陸的老家，並到他讀過的小學去拜訪。他看到校門口的一塊石頭就哭了，因爲過去每天到校門口，他一定要先踩那塊石頭幾下才進去，出來之後踩幾下才回家，同學都習慣這麼做。幾十年過去之後，人事全非，而那塊石頭依舊，不免感慨繫之。

當孔子再次看到顏淵，雖然只經過一個晚上，感受還是非常深的，於是說出來的話，令人動容，他說：我以爲你遇害了。顏淵知道老師的心情，一定是著急得不得了，他立刻說：老師您還活著，我怎麼敢死呢？這是年輕人應該講的話，老師比他大三十歲，他沒有理由說自己會先死，他知道自己還有任務要完成。我們看到這一段，就覺得這種師生的感情眞的非常深。如果老師眞的遇害，顏回恐怕奮不顧身非要報仇不可了。我們常常說父仇不共戴天。對顏回來說，孔子就像父親一樣。回顧〈先進第十一〉關於顏回過世的記載，同學們想替他舉辦盛大的喪禮，孔子反對，因爲不合乎顏回的身份與規格。顏回是一個士，就應該按照士的身份來安葬，超過這個規格的話，就違背禮儀。孔子一生都是要堅守禮儀的，所以孔子反對。但是同學們這一次不聽老師的話，確實把顏回的喪禮辦得比較豪華隆重，因爲他是最好的同學，大家都佩服他。孔子這時難過的說：顏回呀，你把我當作父親一樣對待，我卻不能把你當作兒子一樣對待，你不要怪我，是你那幾位同學所做的事。因爲孔子知道，顏回的意願一定也是要遵守禮儀，他一輩子守禮儀，到過世時別人給他安葬，居然違背了禮儀，那是同學們要負責的。從那一段話就可以看出，顏回敬愛孔子如同自己的父親。

希臘時代的哲學家蘇格拉底過世時，他最好的弟子柏拉圖說：老師死了，我們都成了無父的孤兒。東西方對照，表達方式類似。柏拉圖也把蘇格拉底當作父親。我們要知道，父母親給我們身體，好的老師給我們精神上的生命。這就是爲什麼對老師要尊重。古人講天地君親師，「君」可以改成「國」，天地國親師。老師，當然指好老師，不是指一般的老師。孔子過世以後，許多學生爲他守喪三年，把他當父親。父母親給我們生命，但是卻很難親自教導我們，所以孟子主張要易子而教，自己的孩子請老師教，別人的孩子我來教。在這種情況下，我們可以肯定，老師是我們精神生命的來源。方東美先生在退休的時候也講了一段話，他是對著很多學生講的，我也在場。我們每個人手拿蠟燭，就好像薪盡火傳。他說，你們都是我心智上的後裔，我的後代不是我眞正生的孩子，而是這些我教過的學生。同樣，學生也確實把老師當作父母。這是一個很好的傳統。

我們讀到這個故事，希望所有的老師都以這種標準來自我要求；而所有的學生，也都盼望遇到這樣的好老師。

【第170講】

《論語・先進第十一》第二十四章。這一章的內容是這樣的：

季子然問：「仲由、冉求可謂大臣與？」子曰：「吾以子為異之問，曾由與求之問。所謂大臣者，以道事君，不可則止。今由與求也，可謂具臣矣。」曰：「然則從之者與？」子曰：「弒父與君，亦不從也。」

季子然請教：「仲由與冉求可以稱得上是大臣嗎？」孔子說：「我以為你要問別的事，原來是問由與求。所謂大臣是以正道來服侍君主，行不通就辭職。現在由與求二人只可以說是專業的臣子。」季子然說：「那麼他們唯命是從嗎？」孔子說：「遇到長官殺父親與殺君主的事，他們也不會順從的。」

本章再度評論他兩個可以從事政治的學生，子路和冉有。

季子然是季氏家族的子弟，不見得是接正式的卿位，但至少有官可做。他請教孔子，說：你這兩位學生子路和冉有可以算是大臣嗎？一般認爲大臣是指官位高的人。其實不然，大臣的「大」，是指「表現一定的風範」。孔子聽了之後說：我還以爲你要問別的問題。言外之意是，好不容易和我約了時間，結果問的是這兩個學生。孔子對季子然的問題感到失望，因爲他認爲這兩個學生的才能有明顯的限制。孔子說，所謂大臣就是八個字，「以道事君，不可則止」，我用正道來服侍我的國君，如果行不通就辭職。但是，子路和冉有只能算是具臣，代表他們是專業的臣子，各有專長。子路可以訓練軍隊，冉有可以管理內政，他們兩個人都有專業。但要說是大臣的話，還不夠資格。誰足以稱大臣呢？孔子本身有這樣的資格。他在魯國當司寇，還代理過宰相的位置，是相當大的官了，他用正道來服侍國君。當魯定公與季桓子疏遠他時，他便辭職。但孔子非常厚道，像他這樣的國之重臣辭職，一定會引起別人非議，並把箭頭指向魯君，說國君以及執政的季桓子的不是，無法留住人才。孔子不願意國君被批判，所以他就等下一次祭祀時，看國君有沒有按照禮儀把祭肉分配給他。這是古時候的規矩。國君祭祀完畢後要把祭祀的肉，按照官職分給大臣。結果那一次沒有分給孔子，孔子這時候才離開。他讓別人以為他很在乎那一塊祭肉，這樣就會減輕對國君的責怪。這事是孟子所說，我們覺得說得很有道理，因為像孔子這樣一位國際知名的好學者、好官員，德行、能力、學問都是第一流的，他如果因為魯君不理他就離開，別人一定會批評魯君昏庸愚昧，放棄大好人才不用，以至於使他周遊列國。孔子不願意自己的國君被批評，所以他就找這個時機，以國君未分予祭肉，太沒面子，所以憤而離去。這是孟子的解釋，多麼婉轉！我們因此知道，孔子就是大臣，他用正道服侍國君，國君如果不能聽、不能接受，他就辭職，毫不戀棧。孟子曾說「唯大人為能格君心之非」。孟子的個性非常直爽，也比較急切，才華又高、學問又好。他認為國君的心思如果有偏差，只有真正的「大人」，即德行完備的人，才能夠去加以匡正。孟子也確實做到了。歷史上很少聽說國君向大臣承認「寡人有疾」的，只有孟子一人做到了。孟子與齊宣王見面，談過幾次以後，宣王發現孟子了不起，是位難得的有見解的人，並且很能體諒別人的煩惱。齊宣王很年輕，而孟子到齊國時年過五十，已被稱作「叟」，老先生了。齊宣王至多三十歲，所以他很樂意把孟子當作長輩，對他說「寡人有疾」，毛病很嚴重，好色、好勇、好貨。而孟子的回答非常精彩，他並沒有責怪宣王，反而是順著這個方向說，你如果有這三個毛病，就要想到別人和你一樣，並設法推己及人。不只自己擁有所好，要讓天下人也都有，也都和你一樣，這樣不是更好嗎？可見孟子的教育方法非常高明。

我們再回到《論語》。季子然再問，子路、冉有他們兩個既然只是專業的臣子，對老闆是不是唯命是從？孔子說，如果你叫他們跟著老闆去殺父親與君主，他們可不會做。古時候，父子有時爲爭奪國家的政權，會自相殘殺。像衛國就發生了這樣的事，父子相爭，子路捲入其中，而不幸被殺了。孔子知道自己的學生雖然算不上大臣，只能算是有專業的，但是若要指使他們做一些太離譜的事，完全違背道義的事，那也不可能。若學生眞的順從長官爲惡，孔子一定立刻下逐客令。就好像冉有後來替季氏搜刮錢財，增加稅收，孔子就要同學們敲著大鼓去批判他。

儒家的學者都希望有機會做官，做官的目的是要實現理想來造福百姓，目標簡單而明確。做官絕非爲了發財，也不是爲了個人的功名富貴。如果做官之後，忘記這個初衷，忘記這個原本的理想，身爲老師的孔子是不會原諒的。我們從這一章裡，可以學到很多古時候在政治上、在做人上的一些原則。

【第171講】

《論語・先進第十一》第二十五章。這一章的內容是這樣的：

子路使子羔為費宰。子曰：「賊夫人之子。」子路曰：「有民人焉，有社稷焉。何必讀書，然後為學？」子曰：「是故惡夫佞者。」

子路安排子羔擔任費縣縣長。孔子說：「你這樣做，害了這個年輕人。」子路說：「有百姓與各級官員，也有土地與五穀。為什麼一定要讀書，才算是求學呢？」孔子說：「這就是我討厭能言善辯者的緣故。」

本章有什麼特色呢？子路居然被孔子認為是一個佞者。還記得「佞」字嗎？有人說過「雍也，仁而不佞」。雍就是仲弓，是德行很好的學生。別人說他有仁德，但是口才不好。這裡孔子居然說子路是一個能言善辯的人。其實我們都知道子路的口才並不犀利，但是有時候他會從自己的角度去想一些理由，提出非常主觀的看法，並講出一些道理出來，在這種狀況下有時也顯得口才便給。

《論語》中不只一次提到費縣，還記得是季氏使閔子騫為費宰，閔子騫不去。他認為季氏這個人對國家不見得有真的幫助，因為季氏的權力、財富比魯君還大。現在子路推薦子羔，子羔就是高柴，即孔子說過的「柴也愚」，很孝順但比較愚笨。子路在季氏手下擔任重要的官員，像季氏這樣的大家族，大約管轄十幾個縣，他可以任命縣長，縣長人選可以由冉有、子路等層級較高的官員推薦。子路有這個機會，看自己的小學弟那麼孝順，表現不錯，當然想推薦他。但孔子反對，認為這個學生還年輕，不要急。曾經有個學生名叫漆雕開，約比孔子小十一、二歲，孔子讓他出去做官，漆雕開說「啓斯之未能信」。啓是他的名字，意思是我對自己還沒有這樣的信心，我還要多學習，多念書。孔子聽了很高興，因爲漆雕開知道自己還不夠，還要不斷地念書長進。從這段話我們可以看到孔子對於學生做官的態度：做官的機會其實很多，不急於一時。等準備好了之後，自然會有人找上門。本章情況不同，子路自作主張，要請子羔去當縣長。孔子認爲子羔還年輕，希望他多念幾年書，厚植實力，底蘊更深一點，這樣做官才能做得更好。德行也許是主觀的，能力與學識卻是客觀的。太年輕做官，將來如何升遷呢？即使有機會，自己的條件也不夠。所以當公務員，常常要接受再教育，才能與時俱進，否則，所學的只能應付當時的情況，很快就會被時代所淘汰。

孔子認爲子路這樣做是害了這個年輕人。賊，我們今天一般理解爲「小偷、盜賊」。但是「賊」在當動詞用的時候，就是傷害。他本來可以有更好的前程，只要再沉潛幾年。如果現在就要他去做官，以後可能發展有限，反而害了他。很多時候我們看得比較淺近，而忽略了長遠的考慮。所以我們在學《易經》的時候就會發現，你偶爾有一個小的不利，沒有關係，它有小害，但是將來有大利；反之，有時候有個小利，後面卻有大害。孔子看得比較長遠，認爲子路會害了這個年輕人。子路口才平平，這時忽然理直氣壯了，他說，有老百姓，也有各級官員，我們這個政府組織裡面各層人員都有，何必要讀書才能算是求學呢？意思是可以在做官的實踐中慢慢學習。我們也知道，西方人說「在做中學」，即一面做一面學。做手工藝是可以的，比如做陶器、手拉坯，可以講得通。但做人處事最好先學會一套完整的理論，清楚了解人性，確知未來的路徑，然後去做，若一面做一面學，會有危險。可能前半生走錯了路，後半生設法彌補、補救，待到全部彌補完畢，生命也快結束了。這一生變成前面犯錯，後面補過，多可惜啊！反之，先花時間把基礎打好，了解了全盤人生，進入社會之後，就不致於犯下大錯，因爲已有了完整的規劃。

聽到子路這樣說，孔子一時也很難反駁他。說得沒錯啊，何必一定要讀書才能算求學呢？我在外面跟著別人做學徒，慢慢學一些基本的技巧；或是做個小官，觀摩大官的做法，不也是學習嗎？很多人確實是如此。所以子路說的也不一定全錯。我們只能說，讀書是學習一套知識，有它的理論，有一個完整的系統，學成之後，將來做事，就比較有自己的風格，有自己的構想，才能擔任好的領袖。但是這些話一時也講不清，所以孔子心情有點受影響了，他說這就是我討厭你們這種能言善辯者的緣故。說實在，孔子有時候也會情緒化，他覺得子路這個人雖然個性莽撞，平常還蠻乖的、很聽話，這個時候怎麼那麼不聽話了呢？是不是做官了之後，就以爲自己有本事？眞以爲官大學問就大了，官大道德就高了？那是一個假像，官做得大並不代表有學問，只不過說話時附和的人變多了。《世說新語》裡的王述，個性非常率眞，每一個人看到他，都稱讚他直爽，有話直說。有一次開會時，丞相說話，大家都說講得眞好。王述說：丞相又不是聖人，怎麼可能講的每一句話都對呢？當場就讓別人難堪。但是這個長官很了不起，完全不怪他。他說：沒關係，王述就是這樣的人。

在本章裡，我們要知道孔子認爲學生如果要從政，有個基本的原則，就是先把書讀好。所謂「讀好」也沒有一定的標準，因爲每一個人情況不同，確實很難判斷。子路本來是好心，希望提拔一下學弟，結果被老師教訓，後來是什麼情況呢？現在也沒有人知道了。

【第172講】

本講要介紹的是《論語・先進第十一》第二十六章，這一章可以說是《論語》裡面最長的一章，所以我們要分兩段來說。第一段的內容是這樣的：

子路、曾皙、冉有、公西華侍坐。子曰：「以吾一日長乎爾，毋吾以也。居則曰：『不吾知也。』如或知爾，則何以哉？」子路率爾對曰：「千乘之國，攝乎大國之間，加之以師旅，因之以饑饉；由也爲之，比及三年，可使有勇，且知方也。」夫子哂之。「求，爾何如？」對曰：「方六七十，如五六十，求也爲之，比及三年，可使足民。如其禮樂，以俟君子。」「赤，爾何如？」對曰：「非曰能之，願學焉。宗廟之事，如會同，端章甫，願爲小相焉。」「點，爾何如？」鼓瑟希，鏗爾，舍瑟而作，對曰：「異乎三子者之撰。」子曰：「何傷乎？亦各言其志也。」曰：「暮春者，春服既成，冠者五六人，童子六七人，浴乎沂，風乎舞雩，詠而歸。」夫子喟然歎曰：「吾與點也。」

子路、曾皙、冉有、公西華在旁邊坐著，孔子說：「我比你們年長幾歲，希望你們不要因此覺得拘謹，平常你們說沒有人了解你們，如果有人了解你們，又要怎麼做呢？」子路立刻回答說：「一千輛兵車的國家，夾處在幾個大國之間，外面有軍隊侵犯，國內又碰上饑荒。如果讓我來治理，只要三年，就可以使百姓變得勇敢，並且明白道理。」孔子聽了微微一笑。接著問：「求，你怎麼樣？」冉有回答說：「縱橫有六、七十里，或五、六十里的地方，如果讓我來治理，只要三年就可以使百姓富足，至於禮樂教化則須等待高明的君子。」又問：「赤，你怎麼樣？」公西華回答說：「我不敢說自己可以做到，只是想要這樣學習。宗廟祭祀或者國際盟會，我願意穿禮服、戴禮帽，擔任一個小司儀。」孔子又問：「點，你怎麼樣？曾皙彈瑟的聲音漸稀，然後鏗的一聲把瑟推開，站起來回答：「我與三位同學的說法有所不同。」孔子說：「有什麼妨礙呢？各人說出自己的志向罷了。」曾皙說：「暮春三月時，春天的衣服早就穿上了，我陪同五、六個成年人，六、七個小孩子，到沂水邊洗洗澡，在舞雩臺上吹吹風，然後一路唱著歌回家。」孔子聽了讚歎一聲，說：「我欣賞點的志向呀。」

這裡有四位同學表達了志向。孔子要學生談志向，這是第二次清楚的資料了。上次談的時候是顏淵與子路在身邊，當時最大的收穫是因爲子路的勇敢提問，孔子把他的志向也說出來了。這一次顏淵不在身邊，是子路、冉有、公西華、還有曾點在身邊。曾點就是曾皙，也就是曾參的父親。孔子要同學們說說，如果有機會要怎麼樣發揮你這一生的抱負。

子路個性直爽，也因爲年紀比較大，是一位學長，所以很多時候都是他先講話。這個時候子路立刻說，一個國家外面有大國要來侵犯，國內又發生了饑荒，讓我治理，三年之後可以讓老百姓變得勇敢，並且明白做人處事的道理。這是一個很好的理想，等於是念書人要服務社會，把自己的所學貢獻給國家。但是孔子聽了之後，微微一笑。要特別注意，他的微微一笑，後面還有文章。

孔子接著就問冉有了。冉有的才華我們都知道，做官沒有問題，他又比較謙虛。因爲子路說話太有自信了，話說得太滿了，冉有發現孔子微微一笑，所以他說話就更有所保留了。冉有說，一個地方六、七十里平方，或者是五、六十里平方，我來治理，三年就可以使老百姓富足。冉有是專門推廣經濟的，他後來當季氏的家臣，就幫他徵集很多稅收，讓他發財。所以冉有很有自信。然後他接著說，至於禮樂教化方面，則要另請高明的君子。這句話說得比較好，顯示他知道分寸。我可以讓大家富足，但是要讓我一個人又做經濟又做教化，恐怕就應付不了了。孔子聽後應該認為還不錯。

接著他問公西華。公西華適合擔任外交官，果然他的志向也是如此。他說，我不敢說自己可以做到，只是希望這樣學習。越說越謙虛了。因為子路太過自信了，有點驕傲的樣子，孔子一笑，後面兩個學生就越說越謙虛了。公西華說，宗廟祭祀或者國家、國際的盟會上，我願意穿禮服、戴禮帽做一個小司儀。司儀分大小，大司儀是管全局的，小司儀只管一部分。公西華眞是說得很謙虛。

孔子問最後一位同學，就是曾點。他說，點，你的想法怎麼樣呢？這個時候才發現，原來孔子和同學們對話時，曾點負責背景音樂，他在彈瑟。我們都知道電影為什麼好看，因為有背景音樂把氣氛襯托出來。平常我們上課時為什麼無聊，因為沒有音樂做背景，很容易打瞌睡。這時，曾點彈瑟的聲音慢慢輕了，鏗的一聲，等於是做了結束，把瑟推開站起來說，我與三位同學的志向不同。孔子說沒關係，各說各的志向，大家參考一下。他於是說了那段話，千古傳頌。曾點在《論語》只出現這一次，卻驚天動地，他的志向一說出來，孔子立刻說：我欣賞曾點的志向。乍聽之下大家可能會覺得很奇怪，他說的其實不太像志向。他說暮春三月，當然是指農曆三月，早就穿上春衣，我和五、六個成年人、六、七個小孩子，到沂水邊洗洗澡。沂水就在曲阜附近，這是就地取材。然後到舞雩臺上吹吹風。舞雩臺本來是一個祭祀的地方，可以祈雨的。然後一路唱著歌回家。前面三位同學要當軍事家、政治家、外交家，都是在社會上可以有貢獻的職位，但是曾點嚮往的，是大家去河邊洗洗澡，然後吹吹風，一路唱著歌回家，這算什麼志向呢？但是居然得到了孔子這麼樣大的稱讚，中間的道理何在？

【第173講】

《論語・先進第十一》第二十六章。孔子四位學生的志向都做了介紹。而孔子特別欣賞的是誰呢？是曾點的志向。

孔子為什麼欣賞他？因為他的志向，第一，配合天時。既然處在暮春三月，春天快結束的階段，就不要想夏天該怎麼過，秋天、冬天又當如何，要按照天時考慮當下做什麼事。第二，配合地利。住的地方靠近沂水，可以就地取材，不要想著遊長江，或者什麼風景名勝。附近有舞雩台，就到臺上吹吹風。這是地利。第三，人和。五、六個成年人、六、七個小孩子，不要計較多少人，不要說非得五十個人一班湊齊了，我才去河邊。所以曾點的志向是配合天時、地利、人和，就近取材，讓自己的生命和環境可以融合為一，得到同化的效果。如果把志向放在外面的成就，遇到亂世，遇不到好的長官，恐怕一輩子被埋沒，心中的志向該怎麼辦呢？還要過日子嗎？所以這就是孔子為什麼沒有稱讚前面三位同學的原因。立志要做官為社會服務，固然是好事，但是不見得有能力就有機會。這樣的機會如果始終沒得到，這一生不是很失敗嗎？曾點的志向之所以可貴，在於只要配合天時、地利、人和，在一生的任何階段、任何處境，都可以自得其樂。

人活在世界上，一定要懂得自得其樂，很多人看到這一段，認為孔子的思想似乎和道家很接近，和大自然很融洽，好像可以隨遇而安、知足常樂。其實這段話所描寫的是人類普遍的願望。社會上的政治經濟等各種事情，老百姓實在是想不了許多，更不用說進一步去建議、干涉。人只能活一次，這一生若不能把握機會讓自己快樂，請問什麼時候快樂呢？如果非要等世界大同才快樂，自古以來未曾有過世界大同。那怎麼辦？所以，可以有適當的憂愁，希望自己德行變得更完美。但是要記得孔子的教育，人格教育、人才教育，還有人文教育。人文教育我們很少談，但其實到處都是。孔子說「興於詩、立於禮、成於樂」，不就是嗎？尤其是樂，特別明顯。在上班的時候要做個人才，與別人相處時要提升人格，但是很多時候既不是上班，也不是和別人相處，就要有人文素養的休閒生活。這種生活，可以配合大自然，配合環境，配合周圍的朋友，就地取材、隨遇而安。

孔子說我欣賞曾點的志向，是因爲孔子教學生時，特別強調人文教育。一個人要過得快樂，他的生命要恢復完整，也非人文不可。西方人談到休閒的時候，會用一種簡單的方式來說。第一，安靜下來，不再受外面許多紛雜的事情、動亂的事情所影響。第二，能夠有一種慶祝的心情，就是感覺到愉快。因爲休閒經常會配合宗教或者民俗方面的活動，像我們都很喜歡過節日，端午節、中秋節、春節等。這都是休閒、放假，通過這樣的休閒活動，感受到歡樂的氣氛。人要讓自己過得快樂。《老子》第八十章，特別提到小國寡民。我們並不羨慕小國寡民，眞正羨慕的是其中的四句話，就是每一個人都能夠「甘其食、美其服、安其居、樂其俗」，吃什麼都好吃、穿什麼都好看、住得也很舒服，習俗非常歡樂。這不是我們的願望嗎？孔子欣賞曾點，可以說他和道家的最高理想相通，但不能說孔子最後也希望成爲道家，那就失之千里了。

曾點是曾參的父親。大家可能會想起曾參小時候很孝順，卻經常挨父親打，那個愛打人的曾點怎麼忽然變得如此平和呢？從《孟子》中可以更進一步認識他，孟子提到狂者，便舉曾點爲例。何謂狂者呢？狂者不是發瘋的人，而是理想很高的人。孟子說，狂者的特色就是動輒提起古代人。代表眼光很高，要學習古人，與現代人在一起便覺得這些人都太平凡了。曾點這個人個性比較狂放，有時候會不切實際。但他在這裡表現得非常好，這是毋庸置疑的。

接著，當孔子說完「吾與點也」之後：

三子者出，曾皙後。曾皙曰：「夫三子者之言何如？」子曰：「亦各言其志也已矣。」曰：「夫子何哂由也？」曰：「爲國以禮。其言不讓，是故哂之。」「唯求則非邦也與？」「安見方六七十，如五六十，而非邦也者？」「唯赤則非邦也與？」「宗廟會同，非諸侯而何？赤也爲之小，孰能爲之大？」

當孔子公開稱讚曾點的志向之後，另外三位同學立刻就離開教室了，他們都知道這次回答不及格，趕快離開教室吧。曾點走在後面，他乘勝追擊了。可以看出他並沒有自己前面所說的那樣超然。曾皙問，三位同學的話怎麼樣呢？孔子說，各人說出自己的志向罷了，不要計較。但曾皙還是要問，老師爲什麼對由的話要微笑呢？他雖然一面彈瑟，卻也在觀察每一個人的表情。他看到子路第一個說完話，孔子微微笑了一下，現在就提問了。孔子說，治理國家要靠禮儀，他的話卻毫不謙讓，所以我笑笑他。曾皙再問，難道求所講的不是指國家嗎？孔子說，你怎麼看得出縱橫六、七十里或五、六十里的地方不是國家呢？這時候孔子就要肯定冉有治理國家是沒有問題的。曾皙又問，難道赤所講的不是指國家嗎？因爲公西華說的是做一個小司儀。孔子說了，有宗廟祭祀的國際盟會，不是諸侯之國又是什麼？赤如果只做個小司儀，誰又能做大司儀呢？這話講得多好！這三段話傳出去之後，前面那三位同學原來可能感覺到自己這一次講得不夠好，沒有得到老師的肯定，現在，冉有和公西華可以恢復信心了，老師認爲他們可以治理國家；子路則要記取教訓，下回講話就要謙讓些，先想一想再講。

每一個人都學到教訓了。而曾皙，他在最後得到孔子的稱讚，但從後面接著問的幾個問題來看，說明他還是有比較之心。人一有比較之心就代表對於自己有所執著。所以他前面講配合天時、地利、人和，就地而化，境界很高，事實上卻不見得像我們想的那般。孟子後來把曾皙列爲狂者，有什麼特徵呢？八個字：言不顧行、行不顧言。說的話與行為不能配合，做的事與說的話不能配合。說明狂者理想很高，但是不見得做得到。做人不是僅靠志向而已，還需要實踐。

顏淵第十二

【第174講】

《論語・顏淵第十二》第一章是這樣的：

顏淵問仁。子曰：「克己復禮爲仁。一日克己復禮，天下歸仁焉。爲仁由己，而由人乎哉？」顏淵曰：「請問其目。」子曰：「非禮勿視，非禮勿聽，非禮勿言，非禮勿動。」顏淵曰：「回雖不敏，請事斯語矣。」

這段話的意思是：

顏淵請教如何行仁。孔子說：「能夠自己做主去實踐禮的要求，就是人生正途。不論任何時候，只要能夠自己做主去實踐禮的要求，天下人都會肯定你是走在人生正途上。走上人生正途是完全靠自己的，難道還能靠別人嗎？」顏淵說：「希望您指點一些具體做法。」孔子說：「不合乎禮的不去看，不合乎禮的不去聽，不合乎禮的不去說，不合乎禮的不去做。」顏淵說：「我雖然不夠聰明，也要努力做到這些話。」

這段對話非常重要，但是兩千多年來，能講清楚的人並不多。一般人把「克己復禮」四個字分成兩部分，克己就是克制自己或約束自己；復禮是實踐禮的要求。這樣理解不太對。我曾經多次講到，孔子教學始終遵循一個原則：化被動爲主動。這就是理解的關鍵。孔子的核心思想是仁。孔子最好的學生是顏淵。

所以，最好的學生詢問老師的核心思想，孔子的回答肯定是他一生思想的精華。難道孔子的思想精髓就是克制自己的欲望，去實踐禮的規範嗎？首先，孔子喜歡因材施教。顏淵是孔子學生裡欲望最少的一個，提到克己。子路、宰我、司馬牛諸人更應該克制自己的欲望，好好約束自己。顏淵已經是簞食瓢飲、居陋巷了，還叫他怎麼約束自己呢？天下人都知道顏淵窮困，都知道顏淵德行好，都知道顏淵寡欲。孔子怎會特別教訓顏淵須克制自己呢？其實，「克」的意思是能夠；「克己」就是我自己能夠。古書裡多處將「克」解為「能夠」，如，「克明峻德，以昭九族」，能夠讓我高尚的德行表現出來，照耀九族。而把「己」字放在「克」後面，這是古文的特殊用法，類似的例子在《論語》中很多。比如，講到無為而治，「無為而治者，其舜也與，夫何為哉？恭己正南面而已矣」。這裡的恭己，不是恭敬自己，而是自己的態度很恭敬。另外，子貢請教怎麼樣才是念書人。孔子的答案是「行己有恥」。行己不是行動我自己，而是我自己的行為要有羞恥心。所以，克己復禮的意思是，能夠自己做主，做自己的主人，去實踐規範。這就是化被動為主動。每個人小時候都是被動的，父母要求，老師規定，便照著做；父母、老師不在身邊，沒人看到，就不一定做了，因為那些好行為都是被動的。人進行修養的目的就是，即使沒人管束，自己也要主動去做——真誠產生由內而發的力量，促使人去做該做的事。這就是儒家思想的關鍵。如果孔子自述，仁是克制自己的欲望去實現禮。言下之意，欲望是不好的，禮才是好的。這是怎樣的一種學說啊？「為仁由己，而由人乎哉」正好與「克己復禮為仁」相呼應。走上人生的正路要靠自己，難道還要靠別人嗎？人要從被動變成主動。小時候，我們要靠別人的督促和勉勵，保持正確的方向；現在則要靠自己！自己做主走上人生的正路。

相反的，如果把克己理解為克制自己的欲望，就與「為仁由己」相矛盾。同一個「己」在前面是不好的，要克制；後面卻成了好的，要靠自己。這恐怕難以說得通。而且，我們講的是孔子的一貫之道，是完整的思想，而不是單單某一句。化被動爲主動，確實是人生的關鍵。如果一個人懂得主動去做該做的事，他的生命就達到很高的境界了。像孔子說他自己到七十歲的時候，從心所欲不逾矩。這就是主動！愛怎麼做就怎麼做，無論如何都符合規矩，都是該做的事。

接著，顏淵問，教我一些具體的做法吧！孔子連著舉出四個詞：非禮勿視、非禮勿聽、非禮勿言、非禮勿動。意思是不要做不符合禮的事。孔子的教學方法是從消極變積極，儘管非禮勿視、非禮勿聽、非禮勿言、非禮勿動是消極的，但是可以從此入手。比如，教一個年輕人做好事，但他做不來，那就從不做壞事起步，先改正過失。過而不改是謂過矣。如果人有很多錯誤沒改過，旁人卻一味要求他做好事，那可能前進一步後退兩步，到最後，弄得自己不知方向何在了。

四個「不要」都是以禮作爲標準。這和我們前面的解釋並不衝突。孔子的意思是，先不要做不對的事，然後才能夠自己做主，去實踐禮儀的要求。這四個「勿」很有意思。以前，有些地方的祠堂裡，放著四隻猴子的塑像：一隻蒙著眼睛，表示非禮勿視；一隻遮著耳朵，表示非禮勿聽；一隻捂著嘴巴，表示非禮勿言；還有一隻爪子規規矩矩地放在胸前，表示非禮勿動。古人就用四隻猴子警告子孫後代，要自我約束，不要看、不要聽、不要說、不要做不合禮的事情。

孔子教學，一向是博學於文，約之以禮。但是，受禮儀約束是被動的，一定要轉爲主動才是仁。所以，孔子的思想可以概括爲「承禮啓仁」。孔子對自己最好的學生顏淵強調的是，要把被動變成主動，自己做主去實現禮儀的要求。這才是人生的正路。能達到這一步，天下人都會加以肯定，因爲一方面遵守了禮儀的規定，另一方面是主動由內而發的力量推動自己去做該做的事。人格也將由此而走向圓滿。

【第175講】

《論語・顏淵第十二》第二章的內容是這樣的：

仲弓問仁。子曰：「出門如見大賓，使民如承大祭。己所不欲，勿施於人。在邦無怨，在家無怨。」仲弓曰：「雍雖不敏，請事斯語矣。」

仲弓請教如何行仁。孔子說：「走出家門像是去接待重要賓客，使喚百姓像是去承擔重要祭典。自己不喜歡的，不要加在別人身上。在諸侯之國服務沒有人抱怨，在大夫之家服務也沒有人抱怨。」仲弓說：「我雖然不夠聰明，也要努力做到這些話。」

仲弓最後說的話，與上一章顏淵的回答完全一樣。「某雖不敏，請事斯語矣」是標準答案。當老師教導時，學生就應該說，我雖然不夠聰明，也要努力做到這些話。這是禮貌得體的表達方式。我們以後會看到，有些學生對老師指點的反應，確實讓孔子很頭疼。

仲弓在德行科名列第四，顏淵、閔子騫、冉伯牛、仲弓。他是「雍也可使南面」，可以面向南方管理百姓的有爲人才。孔子對仲弓的回答，說明他確實是因材施教。因爲孔子從爲政角度告訴仲弓，應如何行仁。他的回答可以分爲三段。

第一段，走出家門就像接見重要的賓客。走出家門在外面，任何人都能看到你，因爲你是國家的重要人物。這時，你的言行舉止對別人就有教化作用。《易經》裡有觀卦，卦辭說，國君主持祭祀之前要洗手。老百姓看到國君洗完手，莊嚴肅穆，他們也自然莊重虔誠了。高居上位的人，一言一行都是老百姓的示範。接著，孔子提醒仲弓，使喚百姓做事時要謹慎，就好像在承辦重大的祭典一樣，不要隨便使喚百姓。這也反映了孔子對仲弓的期許。

第二段，與別人相處的時候應該「己所不欲，勿施於人」。這八個字一般被認為是孔子的核心語錄，這句話在《論語》中出現了兩次，另一次是對子貢的回答。子貢請教，有沒有一個字可以終身奉行呢？孔子說，就是「恕」吧。如心為恕，將心比心。「子曰：『其恕乎，己所不欲，勿施於人。』」要維護人間的情義，就要靠這八個字。你不願意遇到的事，就不要加在別人身上。比如，我不喜歡別人在背後批評我，那我就不該在背後批評別人。

第三段提出「在邦無怨，在家無怨」。邦指的是諸侯之邦，就是國。家指的是大夫之家。如果仲弓在國家任職，替魯君服務，屬於國家的中央部會的官員，沒有人抱怨，稱為「在邦無怨」。如果在大夫之家服務，也沒有人抱怨，就是「在家無怨」。我們都知道，從事公務，負責政治，要做到沒有人抱怨，那眞是難以想像的事情，顧此失彼是最常見的事，頒佈一項政策，一定是對某一個區域的人有利，比如，大陸發展經濟，優先發展沿海地區，這一來，內陸地區可能就有人覺得，為什麼我們被忽視呢，還要等多少年？

既然如此困難，為什麼要告訴仲弓呢？因為仲弓是一個國家級的人才。人生的正路要與個人的特殊條件相配合。仁是個人的人生正路；道是人類共同的正路。只要是人，就應該走上人生的正路。但仁落實到個人身上，就各不相同了。也就是說，大原則是一樣的，但具體的方法、路線是不同的。幾個學生都曾經請問仁，孔子的回答都不同，他是針對每個人的不同情況因材施教，對仲弓的答覆就是針對為政闡發的。

【第176講】

我們把《論語．顏淵第十二》第三章和第四章放在一起講，因爲這兩章談的是同一位同學。

第三章的原文是：

司馬牛問仁。子曰：「仁者，其言也訒。」曰：「其言也訒，斯謂之仁已乎？」子曰：「爲之難，言之得無訒乎？」

司馬牛請教如何行仁。孔子說：「行仁的人說話非常謹慎。」司馬牛再問：「說話非常謹慎，就可以稱得上是行仁了嗎？」孔子說：「這是很難做到的，一般人說話做不到非常謹慎。」

司馬牛這位同學和前面兩位大不相同。司馬牛聽到老師的回答之後，不但沒有說出「牛雖不敏，請事斯語矣」的標準答案，反而提出了質疑。因爲老師的答案，他聽起來實在很難接受。老師告訴他，行仁的人說話非常謹慎。爲什麼這樣回答我？給別的同學的答案那麼精彩，都可以寫成對聯了，卻叫我說話謹慎。難道我這一生，僅僅說話謹慎就可以了嗎？所以後代學者們往往認定司馬牛有一個毛病，叫做多言而躁，就是話很多，還很急躁。司馬牛確實是這樣，他想到就說，根本收不住。當老師對他說行仁的人說話很謹慎，他立刻追問，說話很謹慎就能算是行仁嗎？他來不及自己反省，一定要請孔子把話說清楚。孔子答說，這是很難做到的，一般人說話很難做到謹慎啊。可見，孔子因材施教，針對司馬牛的個性特點給出解決方案。

我們都知道「禍從口出」這句俗語。世界上的人，聽到這四個字，大概都是於我心有戚戚焉。我自己的問題也是說話太快了，有時候偶然提到什麼人，無意說了幾句話，別人就把話傳過去，而且越傳越難聽。最後追問是不是我講的。雖然不是我講的，不過也和我講的差不多了。因爲傳話時，時間、地點都說得清清楚楚，最後的話雖然誇張了一點，但開始畢竟是我講的啊。類似的情況也不少。電視節目中，有時候名嘴們辯論、講話的時候批評了別人，事後細究，其實是事出有因。但無論如何，說了就是說了，很可能會被人責怪的。司馬牛就有這個毛病，他個性比較急躁，有時候說話口不擇言。

他眞的是這樣嗎？我們再看下一段，就會發現，他果眞如此。

《顏淵篇第十二》第四章的原文：

司馬牛問君子。子曰：「君子不憂不懼。」曰：「不憂不懼，斯謂之君子已乎？」子曰：「內省不疚，夫何憂何懼？」

司馬牛請教，怎麼樣才算是君子呢？孔子說：「君子不憂愁，也不恐懼。」司馬牛再問：「不憂愁也不恐懼，這樣就可以稱得上是君子了嗎？」孔子說：「要能自己反省而沒有任何愧疚，這樣又憂愁什麼、恐懼什麼呢？」

顯然司馬牛的老毛病又犯了。老師告訴他，不憂愁也不恐懼就是君子。他立刻問，這樣就算君子了嗎？孔子了解他的個性，就說了四個字：「內省不疚」，反省自己沒有任何愧疚。人不反省的時候，覺得天下太平，萬事大吉；一旦反省才發現，其實做錯了很多，只是別人不計較而已，如果別人計較的話，那可是吃不了兜著走啊。司馬牛這個學生，眞是缺乏反省的態度。

其實，君子不憂不懼是很高的要求。知者不惑，仁者不憂，勇者不懼。不憂不懼，包括了仁者與勇者。要想做到既不憂愁，也不恐懼，就應內省不疚。儒家很強調自我反省。孟子就經常提到，做事行不通的話，應該怎麼辦？反求諸己，要反省自己，要改善自己，這就是「行有不得者，皆反求諸己」。孟子用很多生動的比喻來說明這種觀點。一個人和別人比賽射箭，沒有射中箭靶，他絕不會怪別人，而要問自己爲什麼沒有射中。因爲責怪別人，自己還是射不中。有些人更誇張，沒射中，就推說箭靶放歪了，箭靶應該放在我射中的地方。這個故事說明自我反省的重要性。

在孔門弟子中，司馬牛的層次、理解力都比較低。但是據說，司馬牛的哥哥就是曾經想殺孔子的宋國將軍桓魋。哥哥的聲名太壞了，所以司馬牛覺得，有這種哥哥還不如沒有算了。他有時候也覺得遺憾，別人有好兄弟，大家相處愉快；可是我哥哥名聲不好，常做一些壞事，連老師對他都有很多批評，司馬牛就覺得很孤單。如果從心理學的角度去分析司馬牛的性格，會得到有趣的結論。他哥哥是宋國將軍桓魋，但又名聲不佳，司馬牛從小可能一方面覺得哥哥是個大官，有點得意；另一方面，又覺得哥哥讓他很丟臉。所以，他心理上一定有很多解不開的結。他問問題的時候沒有耐心，比較急躁，恐怕都與此有關。其實，孔子給司馬牛的建議，也是給我們的建議，一般人說話確實不夠謹愼。我自己教書教了幾十年，也常常犯這個毛病。有時候，我對學生有話直說，之後才發現，恐怕得罪人了，但怎麼得罪的我不知道，反正人家不理我了。自己一想，大概是太直率了，別人受不了了。我在課堂上講課，有時候不能不做評論，可是一做評論，有些同學們就會聯想，老師是不是在指桑罵槐，是不是在暗示我有問題？有的同學事後還到辦公室追問，老師今天上課講的什麼什麼是不是說我啊？我嚇了一跳，趕緊聲明，只是舉例而已。所以，說話謹愼是不容易做到的。

【第177講】

《論語・顏淵第十二》第五章的內容是這樣的：

司馬牛憂曰：「人皆有兄弟，我獨亡。」子夏曰：「商聞之矣：『死生有命，富貴在天。君子敬而無失，與人恭而有禮。四海之內皆兄弟也。』君子何患乎無兄弟也？」

司馬牛很憂愁地說：「別人都有兄弟，就是我沒有。」子夏說：「我聽到的說法是：『死生各有命運，富貴由天安排。君子態度認真而言行沒有差錯，對人謙恭而往來合乎禮節，四海之內的人，都可以成為兄弟。』君子又何必擔心沒有兄弟呢？」

這段話內涵確實很豐富。我們今天最喜歡說的「四海之內皆兄弟也」，就是出自本章。貫穿上下文來看的話，就會發現，孔子在前一章才勸過司馬牛，君子不憂不懼，可是他立刻就陷入憂愁了。可見，司馬牛根本就沒把老師的話放在心上。他憂愁什麼呢？他說，別人都有兄弟，只有我沒有！而事實上，根據資料記載，司馬牛的哥哥就是桓魋。可見，他說別人都有兄弟，是指別人都有好的兄弟，兄弟之間相處愉快、兄友弟恭，和樂融融。司馬牛的哥哥顯然很糟糕，所以他很憂愁，說別人都有兄弟，可以互相鼓勵、互相支持，只有我沒有。他那個哥哥，說實在，不要也罷，不但不會幫忙，不會給他正面指導，反而為他帶來很多困擾。子夏答話了。我們都知道，子夏屬於文學科，對於文獻知識掌握得特別好。他說，我聽說的可不是這樣。請注意，在《論語》中，孔子的學生說「我聽說」，通常是聽孔子說的。因為當時並沒有普遍的教育制度，學生們只跟著一位老師，所以，儘管他沒有明確地說是老師說的，但顯然是聽老師講的。「死生有命，富貴在天」這八個字的順序一定不能念錯。「命」就是遭遇。「天」是一切的來源。命也屬於天。人的遭遇，最後還是要歸到萬物之源。既然是天生萬物，一切遭遇自然要歸於天的安排。「死生有命」，比如孔子的學生顏淵，「不幸短命死矣」；另一個學生伯牛有疾，「子曰：命矣夫」，這是他的命啊。那爲什麼先說死呢？因爲我們已經活著了，死放首位，說明命中最重要的就是死；其次才是生活中的各種遭遇，有一定的條件，就會造成某種結果。也許有人說，這樣講不是宿命論嗎？說實在，這是古人的基本共識。魯迅有一篇小說，描寫有一家人生了個兒子，很高興，很多朋友來祝賀。第一個客人進來說，這孩子將來一定做大官，結果很受歡迎。第二個客人進來說，這孩子將來一定發大財，也是好話，同樣受歡迎。第三個人跑來說，這孩子最後一定會死掉。糟糕，誰歡迎這種客人啊！但是請問，三個客人裡面誰說的是眞話？誰的話將來一定能實現？第三個，只有第三個人說的是事實。只是沒有人喜歡聽眞話罷了；尤其是在這個時候聽到這種眞話，簡直受不了。「富貴在天」意思是，富貴有時候不是努力就能得到的。多少人有學問、有才華、有德行、有操守，但不見得有富貴。有些人糊里糊塗就當了大官，這就是富貴在天。這八個字有點宿命論色彩，但它也反應了基本的觀察結果。事實上就是這樣，因爲無法解釋，所以只好歸之於命。孟子也有類似的說法。不知道怎麼回事，就歸結於命。不知道怎麼回事，就是天的安排。所以，儒家把天與命聯在一起。

君子應該敬而無失，與人恭而有禮，就是態度認眞而言行沒有差錯，對人謙恭而往來合乎禮節。只有這樣，才有資格說「四海之內皆兄弟也」。否則，對別人不尊敬，做事情不認眞，與人相處不合乎禮儀，誰願意與你爲兄弟呢？所以，「四海之內皆兄弟也」的前提是「君子敬而無失，與人恭而有禮」。能做到這一點，即使到外國去，就算是語言不通，與人相處也不會有問題，這才眞是四海之內都可以稱兄道弟。

這一章的立足點就是儒家人性向善的觀點。如果人性不是向善，到外國去憑什麼又敬又恭的？別人又爲什麼要和你稱兄道弟？如果人性不是向善，別人憑什麼看到你的善行，就願意支持你，與你做朋友呢？歸根究柢就是因爲人性向善。我們學習儒家，每一句話都要仔細思考，揣摩他爲什麼要這樣說。絕對不能因爲是孔子的話，就認爲完全正確。這是權威崇拜，並沒有任何價值，有道理才是對的。宋朝學者陸象山曾說：「東海有聖人，此心同、此理同。」西海、南海、北海都一樣。東南西北四方，都有聖人，心同、理同，就是指人性向善。只要行善，到任何地方都受歡迎。因爲每個人看到善行，都覺得歡喜，覺得與自己的內心要求、最原始的願望是一致的。這種普遍性來自共同的人性。

【第178講】

《論語．顏淵第十二》第六章的原文是：

子張問明。子曰：「浸潤之譖，膚受之愬，不行焉，可謂明也已矣。浸潤之譖，膚受之愬，不行焉，可謂遠也已矣。」

子張請教明見的道理，怎麼樣才看得明白。孔子說：「日積月累的讒言與急迫切身的毀謗，在你這裡都行不通，你可以說是有明見的。日積月累的讒言與急迫切身的毀謗，在你這裡都行不通，你可以說是有遠見的。」

學生只問了「明」，孔子的回答卻提到「遠」，顯然是受《尚書》中「視遠惟明」的啓發。要想看得遠，就要先看得明白。連身邊的事情都看不明白，怎麼能看得遠呢？年輕的子張問孔子，我怎麼樣才能夠看人、看事比較清楚？孔子的回答分兩段。

首先是浸潤之譖。「譖」就是讒言。如果有人經常對我講某人的壞話，聽久了，我肯定受影響，將來遇到這個人就會預先防範他。這說明，我已經無法明辨是非了。古往今來，類似的事情不可計數，很多忠臣就是被奸臣的讒言所害。這就像是滴水穿石。儘管石頭很硬，水極其柔軟，但是日積月累，效果就出來了。「不行焉」意思是，在我這裡行不通。就是不管別人如何慢慢下工夫，在我耳邊說這道那，我始終都能保持客觀的態度評判被議論者。一個人要想看得很明白，他必須心裡有數，不輕易受影響。有一句俗話，來說是非者，便是是非人。總是說別人是非的人，就是製造是非的人。當然，我們也不可能完全不與人溝通，有時候，聽別人講，也會有些幫助。

其次是膚受之愬。別人誹謗我，對我來說是急迫切身，仍能心平氣和是很不容易的。比如，我是老師，有時會有學生跑來說，老師，有人在背後批評你。當老師的理應大度，所以我說，不管他，哪個人背後沒人說！可是，回家左思右想，第二天忍不住把學生找來，一定要問清楚，是誰批評我的。這就是受不了「膚受之愬」。莊子把言語稱作「風波」，有風有浪。誹謗之詞，或者正常的評價言論能不能起作用，要看人修養的高低。比如，今天上班的時候，有人對我說，你穿這套衣服真是合身。我開心得不得了，整個上午心情都很好。結果，後來發現那人對每個人都這樣講，原來他是在日行一善，給別人一個好心情。但如果哪天他不這樣說，我們的心情可能就會受干擾。我在美國上學時，有位老師學問非常好，選他的課的學生總是很多。有一次，課講得特別精彩，下課的時候，學生們自動鼓掌。他得意極了，很開心，抬頭挺胸走出教室。可是，以後就麻煩了。如果下課的時候沒人鼓掌，他就垂頭喪氣，很沮喪。可見，人很容易受外界環境的影響。所以，我們要提高修養，保持平和寧靜的心態。首先，聽到誹謗之詞應該想：有則改之，無則嘉勉。別人既然這樣講我，一定有某些事情讓別人誤會了，那就先自我反省。儒家的特色就是強調自我反省，有些人覺得學儒家之後，成天都在自我反省，反而缺乏主動性或攻擊性，這種觀點根本就是沒有讀懂儒家。儒者的自我反省並非沒有條件，永遠反省下去。我們讀到孟子就會發現，自我反省，事不過三。孟子說，如果有人對我很無禮，非常蠻橫，我們應先自我反省。先看自己是不是沒做好事，不仁；再看自己是不是對別人沒禮貌，無禮。如果做很多好事、對人也很有禮貌，別人的態度還是這麼壞。那就第三次反省，是不是做事沒有盡心盡力，不忠。如果發現自己確實盡心盡力了，而對方的態度仍舊不好，孟子說，原來這是個狂妄的人，狂妄的人與禽獸沒太大差別，又何必和禽獸計較呢？其次，應該有

「清者自清，濁者自濁」的自信。如果有人議論我什麼，而我心中坦蕩，問心無愧，自然無所謂。關於修養的最高境界，莊子的一句話可以給我們很大的啓發。莊子說，天下人都稱讚我，不會使我更振奮；天下人都批評我，不會使我更沮喪。這點太難做到了。就像我那位美國老師一樣，同學們一鼓掌，他很高興。下一次不鼓掌，他就被干擾了，覺得自己大概講得不夠好。所以，我上課時常對同學們說，講得好你們別鼓掌，講得不好也別噓我。反正我盡到自己的講課責任，你們聽多少算多少，考試還是要考的。這樣一來，雙方都沒有什麼心理負擔了，各盡自己的本分。

我們講儒家時，有時候會用莊子或老子的思想來參照。這是因爲古代思想有很多地方是相通的，它們的基本原理也許不同，但是做人處世的態度與方法有很多類似之處。

【第179講】

子貢問政。子曰：「足食，足兵，民信之矣。」子貢曰：「必不得已而去，於斯三者何先？」曰：「去兵。」子貢曰：「必不得已而去，於斯二者何先？」曰：「去食。自古皆有死，民無信不立。」

子貢請教政治的做法。孔子說：「使糧食充足，使軍備充足，使百姓信賴政府。」子貢再問：「如果迫不得已要去掉一項，先去掉這三項中的哪一項？」孔子說：「去掉軍備。」子貢又問：「如果迫不得已還要去掉一項，那要先去掉剩下的兩項中的哪一項？」孔子說：「去掉糧食。自古以來人總難免一死，但是百姓若不信賴政府，國家就無法存在了。」

這段話非常特別。首先，孔子的回答很有邏輯性。子貢是孔子的得意門生，他請教怎麼從事政治活動。孔子說，第一，糧食要充足；第二，軍備要充足；然後使老百姓信賴政府。這三點是有順序的。足食是必要的。民以食爲天，一個國家沒有食物，百姓如何生存呢？軍備是需要的。國家如果沒有足夠的武力保衛自己，在春秋亂世早就被吞併了。再則百姓信賴政府更是重要。孔子看似隨口一答，其實是很了不起的觀點。他按照必要、需要、重要，一層層向上提升，這個答案符合自然規律。人有身、有心、還有精神。我們的身體需要吃飯；我們的心代表我們構成了保護個人的國家；在這兩個條件具備後，最後一定要在精神上形成眞正的、可信賴、可依靠的國家，否則民心思變，分崩離析，如何存續？

如此講解本來可以結束了。但是，子貢非常聰明，又提出了更深入的問題。如果逼不得已去掉一項，去掉哪一項？孔子毫不猶豫去掉軍備。因爲吃飯是必要的；老百姓信賴政府是重要的；中間的需要是有彈性的。所謂去掉軍備，不是說軍備都不要了，而是縮減軍備，減少開支。子貢再問，剩下兩項中，如果迫不得已還要去掉一項，去掉哪一項？這時候，一般人都以爲吃飯當然最重要了。結果，孔子居然說去掉糧食！要知道，在儒家眼中，或者說在大哲學家眼中，吃飯從來不是重要的事，只是必要的事。所謂「必要」，就是：非有它不可，有它還不夠。人活在世上，非吃飯不可，但光吃飯還不夠。所以《孟子》中才有「嗟來之食」的故事。有個人叫黔敖，在路邊賑濟災民，看到一個人餓得東倒西歪，就吆喝道：「喂，來吃吧！」那個人聽到後說：「我就是不吃嗟來之食，才餓到這個地步。」黔敖向他道歉說，眞抱歉，剛剛對你不禮貌，請你來吃吧。可是，那人認爲，你已經侮辱我了，我就是不吃。最後餓死了。這就是人的尊嚴。有人說，好死不如賴活著，活著可以做很多事，爲什麼一定要死呢？我們不要替別人做判斷，否則，屈原爲什麼要投江呢？大家都苟且偷生，談判妥協算了。當然也有變通處事的例子。起初，管仲與他的朋友召忽都跟著公子糾，與他們針鋒相對的就是公子小白，也就是日後的齊桓公。公子糾失敗被殺；召忽自殺；管仲就是不死，還設法去投靠齊桓公。結果，孔子反而更讚賞管仲。因爲管仲留得青山在，替齊國服務，造福了天下百姓。近代也有類似的事，戊戌變法失敗之後，梁啓超與譚嗣同商量，如果沒人留下來，就無法報答聖上；如果沒人逃走的話，就無法謀劃將來，也就沒有未來了。所以，譚嗣同選擇了犧牲；梁啓超則流亡國外，後來對國家也很有貢獻。

儒家思想絕不會告訴我們一個客觀的標準。因爲每個人進行判斷的時候，都應該像孔子那樣，「無可無不可」——我沒有要怎麼做，也沒有不要怎麼做，關鍵要看道義何在。對道義的判斷，一方面是個人的抉擇；另一方面，要看以後的效果。說實在的，有時候，慷慨就義反而比活下來繼續努力容易一點，反正一刀下來結束了，別人提到我，還是烈士。活下來的，就要用一輩子的努力來證明自己。進行判斷時，還要問自己是否心安。管仲爲什麼一定要活下去？據說，管仲家裡還有老母親，他想，如果這樣死去的話，誰照顧母親呢？而且，他自信是個人才，要爲國家服務，不能因爲在政治紛爭中站錯了隊，就白白送命。

所以，我們不要對儒家有成見，不要覺得儒家一定就是殺身成仁。哪有那麼多仁義讓人去完成？相比之下，殺身成仁比較容易，難的是一輩子努力行仁，最後止於至善。我們有時看到人一輩子努力，到最後晚節不保，會覺得很可惜。比如王莽，早年大家都把他與周公相提並論，如果他的生命在那時結束，也就名垂史冊了。可惜他多活幾年篡了西漢劉氏帝位，永遠被人唾罵。

儒家談「擇善固執」，固執二字在這裡，不是頑固，而是能夠判斷、堅持某些原則。

【第180講】

《論語．顏淵第十二》第八章的原文是這樣的：

棘子成曰：「君子質而已矣，何以文爲？」子貢曰：「惜乎，夫子之說君子也。駟不及舌。文，猶質也；質，猶文也。虎豹之鞟，猶犬羊之鞟。」

棘子成說：「君子只要有質樸就夠了，要文飾做什麼呢？」子貢說：「先生這樣談論君子令人感到遺憾。須知一言既出駟馬難追。如果文飾就像質樸一樣，質樸也像文飾一樣，那麼去掉文飾的話，虎豹的皮就像犬羊的皮一樣。」

孔子對於君子的看法是文質彬彬。「文」就是文飾，指後天所受的教育與文化素養。「質」就是質樸，指人天生的、純樸的、未經雕琢的本性。棘子成是衛國大夫。他大概聽說了孔子的見解，就和子貢討論。他說，君子質樸就夠了，眞誠最重要，何必需要文飾呢？文飾就顯得文縐縐的，見面鞠躬，說些客套話，眞眞假假分不清楚，這有什麼意思呢？乾脆大家直來直往，不是比較爽快嗎？子貢答說，先生這樣理解君子實在太遺憾了。他接著說了一句成語，「駟不及舌」。「駟」就是四匹馬，駟馬難追的意思。「舌」就是舌頭。這個詞後來演變成「一言既出，駟馬難追」，其實出自子貢。接著的比喻很有意思。子貢說，如果把虎豹與犬羊的毛全部刮乾淨，掛在那邊，誰知道哪一個是虎豹，哪一個是狗羊呢？一般人會覺得，好像還是應該有差別吧，體型、形狀應該可以分辨啊。但是，此處強調的是，虎豹之所以爲虎豹，就因爲其毛色斑斕。以前，很多山大王都弄個虎皮坐墊，非常威風。在《易經》裡，有一個卦叫革卦，卦象是澤火革。爻辭是「大人虎變」。就是說，一個平凡的人磨煉修爲，最後「虎變」成爲大人。同樣都是人，有些人修養提升到一定境界，給人的感覺像老虎一樣，色彩斑斕，很漂亮。而另外一些人沒有受過什麼教育，仍然是平凡人，不會像老虎一樣有絢爛的毛色。類似的境界就是「君子豹變」，君子變得像豹一樣，毛色絢爛而且儀容威嚴。例如一些著名的領袖，出來站在哪裡，哪裡就是中心，他有足夠的分量。曹操的一個小故事就很有趣。有一次，匈奴的使者要來。魏王曹操心想，我長得不好看，匈奴人看到我，恐怕會覺得我們漢朝沒人才。於是，他就找到帥哥崔琰，讓他穿上大王的衣服，坐在自己的位置上。曹操自己則假裝武士，拿著把刀站在旁邊。匈奴使者離開之後，曹操派人去打聽他對魏王的印象。匈奴使者答說，魏王當然是相貌堂堂，不過，眞正的英雄應該是旁邊那個捉刀人。使者見多識廣，一看就知道這間房裡誰是眞正的領袖。那個穿著魏王衣服的，談到重要的事情，還要看看別人的臉色；旁邊的捉刀人卻抬頭挺胸，氣勢很高，一看就知道他才是眞正的領袖。

那麼小人是何等景況呢？古代的小人指的是一般百姓。「小人革面，順以從君也」，大家注意，這裡只說「革面」，沒說「洗心」。這說明，《易經》認爲，小人能夠表面上學學樣子就不錯了；洗心是一種功夫，小人也不會明白爲什麼要洗心，學個樣子就行了。可見，若忽略了「文」，文化就不知將如何發展了。當然，我們也反對過度文飾，那會顯得太虛僞。後來，道家也從這個角度批評儒家過度講究禮樂教化，反而脫離了社會的眞正需要。這種觀點到魏晉時代發展到極致，一些人認爲，我們何必在乎禮教呢？代表人物就是大名鼎鼎的「竹林七賢」之一阮籍。他是個很有學問的人，也從政做官，但就是不喜歡儒家重視外在形式的表現，所以他在母親過世時，照樣吃肉，照樣喝酒。別人覺得他太過分了，簡直是不知道什麼叫守喪。結果，母親出殯的時候，他一哭就吐血了。這時候，大家才知道，他表面上吃肉、喝酒像沒事一樣，其實心裡悲痛得不得了。阮籍反世俗之道而行的行為說明，悲痛是本質，這才是最重要的。所以，「文」與「質」兩相配合，才能夠滿足社會的需要。大家都講質樸，都變成山中的野人，這不是辦法。大家都講文飾，彼此聽不到一句眞話，更不是辦法。

這段話的意思就是強調文質彬彬的重要性。「彬彬」是指像斑馬線一樣，一條白、一條黑，搭配得恰到好處。一個人接受了很好的教育，又有眞誠的情感，這是儒家所肯定的君子的特點。

【第181講】

《論語・顏淵第十二》第十章的原文：

子張問崇德辨惑。子曰：「主忠信，徙義，崇德也。愛之欲其生，惡之欲其死。既欲其生，又欲其死，是惑也。」

子張請教如何增進德行與辨別迷惑。孔子說：「以忠誠信實為原則，認真實踐該做的事，這樣就能增進德行。喜愛一個人希望他活久一點，厭惡他的時候又希望他早些死去，既要他生又要他死，這就是迷惑。」

孔子說過自己四十而不惑。在《論語》中，學生曾兩次提問請教怎樣辨別困惑，這就是其中的一次。子張問了兩件事，首先是「崇德」，就是增進德行，這是孔門弟子的必修課；其次是「辨惑」，就是分辨人生的迷惑。關於增進德行，孔子的回答是我們熟悉的。他說，「主忠信」，就是以忠信爲做人處事的原則。盡己之謂忠，自己盡心盡力把事做好。說話算話就是信。言與行，兩方面都達到標準，爲人在世就有堅實的基礎。孔子說過，就算只有十戶人家居住的小地方，也一定有人像我一樣忠信。他還一再強調，忠信是非常可貴的品質。一個人即便沒有接受教育，也知道忠信很好，因爲眞誠待人，說話算話，就會得到別人的肯定；受教育之後，就會明白，爲什麼要忠信。

至於徙義，「徙」就是跟著去做；「義」就是該做的事。說到「徙」這個字，就不能不提到孔子的自我反省：德之不修，學之不講，聞義不能徙。看到該做的事，就跟著去做；不能說該做的事有別人在做。其實，該做的事，就是符合人性的基本願望，因爲人性向善，所以做了該做的事，自己便會覺得快樂。

孔子對「辨惑」的回答眞是出乎我們的意料之外。他說，對同一個人，愛他的時候希望他一直活下去，討厭他的時候希望他立刻死掉，這不是迷惑嗎？這話聽起來像是愛情小說的情節，男女生談戀愛了，愛得死去活來，感情好的時候，希望對方永遠幸福快樂；一旦有了誤會，就恨得詛咒對方。其實人人都有理性、情感和意志，但三者需要協調。

談到情感，尤其是美麗的愛情，幾乎是人人嚮往。但不可否認愛情會帶來情緒的波動，而情緒問題會給人造成正面或負面的影響。一個人情緒不穩定，很難專心念書。有時候年輕人會問，我們現在念中學，爲什麼不能談戀愛？我的答案是，不是不能談，而是談了之後，知道要付多少代價嗎？即便兩人感情很好，能立刻結婚嗎？不行，才上中學，年齡不夠。談得好好的，能收斂下來安心上學嗎？恐怕很不容易。有人也許會說，沒有試過，怎麼就知道不容易呢？那沒辦法了，很多事情都要人自己碰過之後，才知道怎麼回事。

關於情感，值得討論的是《中庸》裡強調喜怒哀樂要「發而皆中節」，意即人要眞誠地表現喜怒哀樂的感情，恰到好處。不過，有時候偏偏很難恰到好處。否則，西方人就不會探討激情的問題了。西方人認爲要創作，一方面需要太陽神阿波羅代表的理性，因爲太陽代表光明，在光明之中一切都很理性。另一方面，還需要酒神迪奧尼索斯，酒神代表了醉酒之後才有的創意。如果只有創意的內涵，而沒有適當的形式，就好像是一條沒有堤壩約束的河流，河水一定是到處氾濫，太陽一曬，風一吹，水就無影無蹤了。河流能夠流得遠，就因爲有兩岸的約束；如果氾濫無所歸，再大的水也沒用。可見，創意需要形式的配合。兩者相輔相成，才創造了古希臘的各種偉大成就。

其實，儒家絕對不是只談理性的。我們知道，孔子經常哭，只要看到別人有什麼傷心事，他就很同情。他哭了之後，這一天就不再唱歌。這說明，人的情緒會延續發展的。孔子能做到第二天就放下傷心事已經很不簡單了。有時候，我們會連續煩惱好幾天，好幾個月，甚至一直放不開。這實在沒必要。西方有句諺語說，一個人最大的過錯就是不肯原諒自己的過錯。有些人犯了錯之後，終身不能原諒自己，一輩子都在懺悔。其實，只有原諒了自己，才能積極地去做該做的事。以前做錯了，那就以後做好事，彌補過去的過錯。這才是正確的觀念。

孔子對如何分辨迷惑的解答，非常重要。我們從中可以發現，孔子對於人的情感了解得很深刻。人要有智商、情商，更要有逆境智商，也就是意志方面的修練。孔子說，君子固窮。窮就是逆境，你能堅持嗎？逆境智商才是我們成功的關鍵。

【第182講】

《顏淵第十二》第十一章的原文：

齊景公問政於孔子。孔子對曰：「君君，臣臣，父父，子子。」公曰：「善哉！信如君不君，臣不臣，父不父，子不子，雖有粟，吾得而食諸？」

齊景公詢問孔子政治的做法。孔子回答說：「君要像君，臣要像臣，父要像父，子要像子。」齊景公說：「說得對呀！如果君不像君，臣不像臣，父不像父，子不像子，就算糧食很多，我有辦法吃到嗎？」

這段對話應該發生在孔子三十六歲的時候，孔子曾經在齊國住了兩年。當時，魯國有三家權臣，季氏的權力尤其大，政局極其複雜。季氏發現國君與他合不來，便把國君趕走，另立新君。於是，魯國國君只好去了齊國，孔子也跟去了，希望在齊國有機會發展。其時，齊國的宰相就是著名的晏嬰。大家都知道晏嬰的故事，他是個非常聰明的人，就是個子稍微矮了一點。他也知道孔子了不起。但是總覺得一個從魯國來的人，又帶了一幫有能耐的學生，是個問題，就反對任用孔子。齊景公倒是很想用孔子，有時候還向孔子請教問題。這一章就是一個例子。齊景公是國君，問政治該怎麼做？我們今天會覺得孔子的答話很容易，「君君，臣臣，父父，子子」。什麼意思呢？我們知道，古時候講究名實對應。比如，桌子的名稱對應桌子的實在，就叫名實相符。但是，人類社會不能只講名實，還要講名分。「分」就是適當的分寸。用孔子的話說就是，國君要像國君。第一個「國君」指的是事實，就是眼前的國君。第二個「國君」是理想，是符合儒家標準的理想的國君。儒者最喜歡舉爲例子的就是堯與舜。

但是，到漢代以後，講究三綱五常。三綱就是：君爲臣綱，父爲子綱，夫爲妻綱。「綱」是標準。也就是說，國君說什麼大臣照著做，父親說什麼兒子照著做，丈夫說什麼妻子照著做。我們要知道，這種觀點絕不是孔子的理論。孔子明確告訴自己的學生，眞正的大臣就是八個字：以道事君，不可則止。我用正道來服侍國君，行不通就辭職，所以孔子後來辭職離開了魯國。孔子還教育弟子，父母有錯的時候，要委婉地勸阻，而不是絕對服從。可見，三綱是專制政體催生的糟粕，完全背離了孔子的思想。五常的說法也有問題。「五常」指的是仁、義、禮、智、信。其實，孔子、孟子從來沒有把信提高到與仁、義、禮、智同等的高度，孔子主要講仁、禮、義，偶爾提到智。孟子把它們綜合起來成爲仁、義、禮、智，而且說得很清楚：「大人者，言不必信，行不必果，惟義所在。」所以，加上「信」，分類就有問題了。孟子說，仁、義、禮、智分別是惻隱之心、羞惡之心、辭讓之心、是非之心，四種內心力量要求人去做四種善。

孔子對齊景公的回答非常直率，幸而齊景公眞的想用孔子，所以並不在意。他曾經對孔子說，你要我像魯君對待季氏那樣對待你，我做不到；但是我可以用對待季孟之間的態度對待你。在魯國，最有權力的就是季氏、孟氏、叔氏三家。魯公對他們的禮遇依次遞減。齊景公覺得，我以魯公對季氏與孟氏之間的規格對待你，已經不錯了。但是晏嬰反對，而他在本土的影響力很大，所以齊景公最後只能作罷。於是，就有了孔子離開齊國的典故，「接淅而行」——等不及做好飯、吃完飯，把淘好的米收拾起來，立刻就走，因爲齊國不是孔子的父母之邦。

【第183講】

《論語・顏淵第十二》第十二章的原文：

子曰：「片言可以折獄者，其由也與？」子路無宿諾。

孔子說：「根據一面之詞就可以查出實情、判決案件的，大概就是由吧！」子路答應要做的事從不拖延。

這話很多人聽了都覺得有點莫名其妙。任何訴訟案件，都應該聽原告、被告都陳述之後才能做判決。子路怎麼就能「片言可以折獄」呢？聽一面之詞就可以斷案，這是怎麼回事？有些人把「片言可以折獄」解釋爲，三言兩語就把案件判決了，這大概是子路吧。問題是，三言兩語判決案件誰不會呢？不太喜歡說話的人，審判的時候少說兩句就行了。爲什麼孔子說，這大概就是子路吧！意思是，只有子路能做到。而且，三言兩語也實在不符合子路的個性。子路是個非常直爽，忠信果決的人。很少有人敢對這樣的人撒謊。就如孔子在魯國擔任大司寇時，市場上的詐騙行爲自動消失。儘管孔子還沒有採取任何措施，但聽說孔子當了大司寇，賣羊的就不再給羊灌水了。以前，他們一大早先給羊灌水，這樣秤起來重一點，能多賣幾塊錢。聽到孔子上任了，就不這麼做了，因爲他們敬畏孔子。子路也是像孔子這樣的人。

我傾向於把這句話翻譯成，聽一方的陳述，就知道誰是誰非，這就是子路。因爲子路的個性使得別人不敢對他撒謊。古代與現代其實差不多，人群聚合，就會有訴訟。在朱熹的《易經》口訣中，「乾坤屯蒙需訟師」，第六個就是訟卦。乾坤代表天與地；屯與蒙代表天地開始成長發展；需代表人需要各種飲食，維持生命；接著就是訟，訴訟。因爲人有各種需求，你要的我也要，就會產生爭奪；或是各種不平。訟卦在《易經》裡排序很前面，也反映了古人的生活實況。訟卦

在古代，做官就要審案。我們常常在古裝劇中看到，一個縣官每天上班就是坐在堂上，聽別人告來告去，作出裁決。所以，要熟悉人情世故，學習基本禮樂，掌握法律規範，才能完成任務。當然，大堂上總是掛著「正大光明」匾。這代表了百姓對公正的渴望。從古到今，人們的需求大抵未變，第一是仁愛，第二是正義。人們都希望有糾紛時，能夠得到正義的裁決，所以在訟卦中，九五就變成最吉祥的。因爲有公正的大人來審判！人間不可能沒有訴訟，也不必擔心訴訟，因爲訴訟可以使善惡分明，但關鍵是要有公正嚴明的法官。比如，與美國接壤的墨西哥，總有很多人設法偷渡去美國。據說，原因之一就是因爲墨西哥執法不公，社會腐敗嚴重。墨西哥的法律不好嗎？不是，據說墨西哥的法律是全世界最完備的，把各國法律的精華合爲墨西哥法律，但是，沒有人公正地執法，法律再好也沒用。執法時，就出現了執法者的自由心證問題了。他是否大公無私，秉公辦理呢？在古羅馬的畫作上，正義女神總是蒙著眼睛的。就是說，正義女神不能用眼睛看，只能聽雙方的訟詞。如果用眼睛看的話，可能會受影響。比如，看到被告長得很斯文，或許會覺得，他怎麼可能是壞人呢？在古代傳說中，皋陶是舜手下的法官。有一次，皋陶判案的時候，發現很難判斷是非，就牽出一隻羊，說是神羊，它撞誰，誰就是壞人。可見，執法者在實現司法公正中承擔了重要責任。

本章的最後一句說，子路答應做的事從不拖延。前後兩句配合，恰好凸顯出子路的個性，爽快、直接，承諾的一定立刻做到。這也是我們熟悉的子路。前面曾經說過，子路聽到老師說什麼話，如果還沒有做到的話，就很怕再聽到新的話。

其後的第十三章與之關係密切。原文是：

子曰：「聽訟，吾猶人也，必也使無訟乎。」

前章提到子路斷案。本章，是孔子自己了。

孔子說：「審判案件，我與別人差不多，如果一定要有所不同，我希望使訴訟完全消失。」

這反映出，孔子確實是一位可愛的理想主義者，他居然希望世上不要再有訴訟。如此一來，天下人就眞的是互信、互諒，和諧共處了。

【第184講】

我們把《論語・顏淵第十二》十七章、十八章、十九章合在一起介紹。這三章都是季康子向孔子的請教。季康子是季氏家族當時的代表人物，才二十幾歲就當到魯國的正卿。此時，六十八歲的孔子已經在周遊列國之後重返魯國，擔任國家顧問，雖然不是實職，但是地位崇高。於是，年輕的季康子向孔子請教。

第十七章的原文：

季康子問政於孔子。孔子對曰：「政者，正也。子帥以正，孰敢不正？」

季康子請教孔子政治的做法。孔子回答說：「政的意思就是正。您帶頭走上正道，誰敢不走上正道呢？」

政治就是要走上正道。領導人本身行得正，誰敢不正呢？儘管季康子很年輕，但是孔子回答身份比他高的人的問題時，都要用「對曰」。「對」代表下對上。可見孔子非常重視禮儀。古代社會相對比較單純，所以孔子認爲，領袖帶頭走上正路，誰還敢不走上正路呢？今天的情況就比較複雜了，有時還有各級官員分層負責的問題，任何一個環節出問題，恐怕都不好辦。

第十八章的原文是：

季康子患盜，問於孔子。孔子對曰：「苟子之不欲，雖賞之不竊。」

季康子因為盜賊太多而煩惱，就向孔子請教對付的辦法。孔子回答說：「如果您自己不貪求財富，就是有獎勵，他們也不會偷竊的。」

這話說得實在是很重，簡直是當面讓季康子難堪：就是因爲你自己貪得無厭，才使老百姓變成了盜賊；如果你自己不這樣貪婪的話，就算有獎勵，百姓也不偷竊。誰喜歡當強盜呢？如果生活過得去，有正當的工作，有穩定的待遇，誰願意去當強盜、小偷呢？誰不想安安穩穩過日子呢？像季康子這樣的政治領袖，只看到現象，不能思考現象背後的原因。孔子就直接告訴他，別人看到當領袖的人，山珍海味，吃喝玩樂，花錢如流水，覺得有錢才是人生最快樂的事。老百姓心生羨慕又沒錢可花，只好去偷、搶。我小時候看武俠小說，最羨慕的就是大俠們不用上班，但卻有花不完的錢，天天痛快地行俠仗義，逍遙自在，於是，就暗下決心，將來也去當大俠。可是，成年後才知道，每天工作八小時以上，才掙這麼點工資。打開電視，翻開報紙，上網一看，有錢人花錢這麼爽快，吃喝玩樂這麼享受，人心馬上亂掉了，因爲心中沒有一個合適的榜樣。所以，人活在世界上，要爲自己樹立一個學習的榜樣，這也是我們生活的支點。

接著一段講得更直接了，也就是第十九章：

季康子問政於孔子曰：「如殺無道，以就有道，何如？」孔子對曰：「子爲政，焉用殺？子欲善而民善矣。君子之德風，小人之德草。草上之風，必偃。」

這段話和前面兩段不同，這一次季康子自己提出施政措施。他說：

「如果殺掉為非作歹的人，親近修德行善的人，這樣做如何？」孔子回答說：「您負責政治何必要殺人呢？您有心為善，百姓就會跟著為善的。政治領袖的言行表現像風一樣，一般百姓的言行表現像草一樣。風吹在草上，草一定跟著倒下。」

這就是成語「風動草偃」的出處。

季康子這一次把人分爲兩種：無道與有道。無道就是壞人，都該殺掉；有道就是好人，多多親近。看到這話，我們實在不知道該如何看待季康子，難道壞人生下來就是壞人嗎？當然是因爲某些原因，比如：窮困、環境等，慢慢變成壞人的。好人也不是天生的，是努力修養鍾鍊成的；壞人一旦改過，能夠變成好人；好人墮落，就成了壞人。不了解生命的實際狀況，就把人分爲兩種，黑白一刀切，忘記了好人、壞人的流通性，也忘記了人的自由性。西方的政治學者特別提醒我們，爲政時一定要設法避免兩個字：殘酷。政客有時候不把別人的生命當一回事，一旦違法就殺。顯然，在孔子的時代，就有這樣的例子。一個年輕的官員開口就是殺，太殘酷了。所以，孔子直接告訴他，你負責政治，何必用殺呢？你願意行善，百姓跟著你行善還來不及呢，上行下效啊。古代社會相對單純一點，上行下效並非靠媒體包裝、渲染，而是老百姓直接看得到在上位者住什麼、吃什麼、穿什麼。歸根結柢，所謂「上行下效」就是要提高爲政者自己的修養。可是，政治人物的麻煩卻是他們更願意放縱自己，我們常常說，權力使人腐化，這是貴；財富也使人腐化，這是富。一個人擁有富貴卻不腐化，那眞是不容易。我們要尊重富貴；富貴之人更要謹愼，因爲富貴會讓人偏離人生的正途。耶穌就說過，有錢人進天國，比駱駝穿針孔還難。起初，我還以爲翻譯有誤，是不是少了一個「毛」字，駱駝毛穿針孔還有點可能，駱駝這麼大怎麼穿針孔？結果，原文就是駱駝。那麼有錢人還有希望嗎？該怎麼辦呢？富貴之人不要沉迷在物質享受裡，不要太看重金錢，恢復人性本來的面貌，與別人來往不要富而無禮，只有這樣，才能交到真正的朋友。

儒家談到富貴，基本上是肯定的，只要手段正當，並不排斥得到富貴。但是，有了富貴之後，就要特別謹慎。孔子周遊列國，無功而返。這時，孔子已經老了，又回到了魯國，面對這樣的情況，他只能繼續努力，好好教育自己的學生。

【第185講】

《論語・顏淵第十二》第二十章的原文是這樣的：

子張問：「士何如斯可謂之達矣？」子曰：「何哉？爾所謂達者？」子張對曰：「在邦必聞，在家必聞。」子曰：「是聞也，非達也。夫達也者，質直而好義，察言而觀色，慮以下人。在邦必達，在家必達。夫聞也者，色取仁而行違，居之不疑。在邦必聞，在家必聞。」

子張請教讀書人要怎麼做才可以稱為通達。孔子說：「你所謂的通達是什麼意思？」子張回答說：「在諸侯之國任官一定成名，在大夫之家任職也一定成名。」孔子說：「這是成名不是通達。通達的人，品行正直而愛好行義，認真聽人說話與看人神色，凡事都想以謙虛自處，這樣的人在諸侯之國任官一定通達，在大夫之家任職一定通達。至於成名的人，表面看來忠厚而實際行為是另一回事。他還自認為不錯而毫不疑惑，這種人在諸侯之國任官一定成名，在大夫之家任職一定成名。」

子張年紀小，志氣高，很喜歡提一些新問題。這次他問，如何才能夠「達」？孔子說過，己欲立而立人，己欲達而達人。

孔子的教學方法之一是不直接給答案，激發學生自行思考。於是，他反問子張的看法。子張就分兩點說明。古代，諸侯稱國，大夫稱家，他們都可以任用官員，能夠在這兩個地方做官、做事的話，自然出名。子張認爲，有名自然通達。比如，我到一個地方去，別人聽說過我，那我就走得通了，有人開車接送，也有人歡迎。如果沒有名氣，便無人搭理，名片印得再大也沒用。可見，子張把「有名」當作通達，認爲有名就可以走遍天下。

孔子糾正說，這是成名，不是通達。孔子對於通達的定義很簡單：第一，品行正直，愛好行義，這是儒家的核心思想。本身眞誠正直，樂於做該做的事。第二，認眞聽人說話與看人神色，即察言觀色。我們今天還在用這個詞，尤其是和長輩、長官說話要察言觀色，看他心情不好，臉色不對，就不要再說了。聽他的語氣有一點不愉快，就要調整自己的說話方式了。如果不能察言觀色的話，恐怕會觸犯對方，自己反而受累。第三，慮以下人，凡事都以謙虛自處，尊重別人。對別人禮貌一點，禮多人不怪；儘量客氣，別人非但不會瞧不起，反而覺得你修養很好。如此一來，無論在諸侯之國，還是在大夫之家，做官做事都會通達。只要本身正直，樂於做好事，察言觀色，又能謙虛，長官提拔你都來不及，誰會去阻礙你呢？

但是，另一方面要把握分寸。如果是「色取仁而行違」，就不好了。「色」就是表面，「巧言令色」的色。「仁」在這裡解釋爲忠厚。就是表面裝得很忠厚，行爲卻是另一回事。忠厚是裝給別人看的，行爲細節就露出本性了，自私自利，但是自己還「居之不疑」，以爲自己眞的很好，這樣的人也可以成名。但是與所謂的通達相比，則是另一回事。

這一段的核心就在分析「達」與「聞」的不同。有位作家說得好，當作家的人最怕與讀者見面，見面之後，讀者就會說見面不如聞名。聽名聲好像是很有才華，見面一看，也不過如此。其實，這不能怪作家。哪個人不是平凡人？讀者自己把作家捧那麼高，這是讀者的問題。西方有句話說得更好：僕人眼中沒有偉人。僕人每天跟著偉人跑來跑去，無微不至的替主人服務。他眼中的主人是個很平凡的人，需要僕人每天幫他張羅各種事情。僕人哪天請假，他就只好吃罐頭了。所以，偉人都是與我們隔著很遠的距離。

在成名之上是通達。通達一定牽涉到人際關係。和別人如何相處，到後來別人看到你，知道你的行事風格，就會發出讚歎。這就是孔子說的分辨方法。如果能夠做到，與別人來往時，誰能不支持呢？這就是通達。

顯而易見，儒家將一切都歸結於提高自己的修養。

【第186講】

《論語．顏淵第十二》第二十一章的內容是：

樊遲從游於舞雩之下，曰：「敢問崇德、修慝、辨惑？」子曰：「善哉問！先事後得，非崇德與？攻其惡，無攻人之惡，非修慝與？一朝之忿，忘其身以及其親，非惑與？」

樊遲陪同孔子在舞雩台下游憩時，說：「膽敢請教如何增進德行、消除積怨與辨別迷惑？」孔子說：「問得好！先努力工作，然後再想報酬的事，不是可以增進德行嗎？批判自己的過錯，而不要批判別人的過錯，不是可以消除積怨嗎？因為一時的憤怒就忘記自己的處境與父母的安危，不是迷惑嗎？」

在《論語》裡面，學生曾兩次問到辨別迷惑。第一次是子張問的，這一次是樊遲提問。樊遲曾經替孔子駕車，跟著孔子走了很多地方。這次來到了舞雩臺。舞雩臺是個好地方。我們以前談到曾點的志向，就是到沂水邊洗洗澡，在舞雩臺上吹吹風，然後一路唱著歌回家。這個志向還得到孔子的高度肯定。週末的時候休閒活動，樊遲跟著老師到了舞雩台附近，他趁機請教問題。他的問題比學弟子張多了一個。子張只問崇德與辨惑；樊遲中間加一個修慝。「慝」就是藏在心裡的積怨。大概樊遲認爲，人與人相處不容易，難免會有一些積怨，彼此互相責怪。

孔子眞是因材施教，他沒有說，這兩個問題答過了，你去問子張，抄他的筆記，複印一份。孔子說，你要增進德行嗎？就是四個字，先難後獲。先努力工作，然後再去想得到報酬。如果不肯先工作，就講究待遇，老闆給得未必心甘情願。我們先把工作做好，然後再來談待遇夠不夠。爲什麼這樣可以增進德行呢？因爲先自我要求，盡忠職守，這就是培養德行，利益只是做事的自然結果。比如，我在很多地方上課，別人都給講課費，但是我從來不把費用作爲上課的目的，因爲那是上課的結果。就好像我們打工，別人總該給工資吧，這是我的勞動所得。但是如果倒過來，把工資當目的，工作就會讓人覺得很累了，因爲老想著工資，如果對工資不滿意，甚至可能馬馬虎虎的做。所以，最簡單的原則就是，答應別人做事，就盡心做；做完之後，再去考慮有多少收穫。這就是增進德行，也就是先盡自己的責任。

第二，如何消除積怨呢？這裡用了「攻」字。還記得冉有替季氏搜刮了很多錢，孔子生氣了，叫同學們鳴鼓而攻之；攻意指「批評」。做自我批評，而不要批判別人的過錯，這樣才能消除積怨。如果指責別人的過錯，積怨會更深了。相反，如果大家開個檢討會，我檢討自己有什麼沒做好，有什麼樣的缺點。別人聽了，必然認爲不能全怪罪於你，對你的抱怨就慢慢減少了。況且，自我反省，改過自新將使自己走上正路。還有什麼比這更大的收穫呢？

第三，辨別迷惑。這一次，孔子的答案是什麼？子張顯然比較年輕，所以，孔子回答說，「愛之欲其生，惡之欲其死」，要避免這樣的激情。而樊遲的年紀比較大，孔子雖然說的仍不脫控制自己的情緒，但強調不要因爲一時的憤怒，就忘記自己與父母的安危。人的情緒一旦發動了，很少能夠冷靜思考；一衝動就失去理性，最後做錯了事只有後悔。所以，孔子特別叮囑樊遲，不要衝動，一定要控制怒氣。

記得李安拍過一部電影《綠巨人》，改編自一部卡通片。主角本來是個平常人，一生氣就變成力大無比的綠色巨人。這說明憤怒是很可怕的力量。西方基督徒的七大死罪就包括憤怒。人在憤怒時往往失去理智，做出許多可怕的事情，但事後又說，我當時生氣，急怒攻心，沒有想那麼多。無論如何，事實形成了，傷害誰負責？歷史上有許多悲劇都是由憤怒造成的；兩軍作戰中也最怕主帥被激怒。小說、電影中，經常見到這樣的情節：兩軍作戰時，一方不肯出戰，另一方就用謾罵的方式激他。結果，誰能夠耐住性子，不被激怒，誰就佔優勢；被激怒的話，恐怕就上當了。此外，孔子又叮囑了一句：不要忘了父母的安危。生氣了，後果自己負責。那父母親呢？加上這一句，是因爲古時候的人安土重遷，很容易找到仇家的親人。厲害的人，別人可能打不過，但是趁他不在家時，去燒房子，老父老母跑不掉。危及父母的安危就是不孝。因一時憤怒傷害別人，結果反而傷害了自己的父母。孟子也說過類似的話。他說，殺害別人的父親與哥哥，別人也會殺害他的父親與哥哥，最終，不是等於自己殺害了父親與哥哥嗎？受害的還是自己；讓家人跟著受苦，則更是不對。

孔子教學，根據學生的不同情況，給予具體而有針對性的回答，其原則總是著眼於自我修養。

【第187講】

《論語・顏淵第十二》第二十二章比較長：

樊遲問仁。子曰：「愛人。」問知。子曰：「知人。」樊遲未達，子曰：「舉直錯諸枉，能使枉者直。」樊遲退，見子夏曰：「向也吾見於夫子而問知，子曰：『舉直錯諸枉，能使枉者直。』何謂也？」子夏曰：「富哉言乎！舜有天下，選於眾，舉皋陶，不仁者遠矣。湯有天下，選於眾，舉伊尹，不仁者遠矣。」

意思是：

樊遲請教如何行仁。孔子說：「愛護別人。」他再請教如何算是明智。孔子說：「了解別人。」樊遲沒有聽懂。孔子說：「提拔正直的人，使他們位於偏曲的人之上，就可以使偏曲的人變得正直。」樊遲退出房間看到子夏說：「剛才我去見老師，向他請教如何算是明智。老師說：『提拔正直的人使他們位於偏曲的人之上，就可以使偏曲的人也變得正直。』是什麼意思呢？」子夏說：「這句話真是含義豐富啊。舜統治天下時，在眾人中挑選，把皋陶提拔出來，不走正路的人就自然疏遠了。湯統治天下時，在眾人中挑選，把伊尹提拔出來，不走正路的人就自然疏遠了。」

樊遲這位學生確實人如其名，反應比較遲鈍，不過，資質是無法強求的事。這次，他請教老師何謂「仁」。在《論語》中，只有樊遲三次向老師請教仁。孔子的答案三次都不同，這次更直接了，只有兩個字：愛人。後來很多人把「仁者愛人」作為一個口號。但是，不要忘記，這是給樊遲的答案。一般而論，這個答案實在是太浮泛了。自古以來，東方、西方哪一位聖賢不教別人愛人？誰不知道愛人是對的？所以，孔子只是針對樊遲的程度，告訴他，你去愛護別人就好了，這是你的人生正路。接著，樊遲請教什麼是「明智」，孔子教學時，經常是仁智並舉。有好的居心，還要知道如何實現，這就需要智慧的判斷。否則徒有好心，沒有智慧，容易被人利用。面對樊遲，孔子說，明智就是了解別人。這很不容易做到。愛護別人、儘量給別人幫忙，相對較為簡單。但是，了解別人談何容易！所以，樊遲沒聽明白，再追問。孔子說，就是把正直的人提拔起來，讓他位居在壞人之上，那麼壞人也就慢慢變好了。

直到離開房間，樊遲還是沒懂。他便去問聰明的子夏。子夏聽了感慨地說，老師這話眞是含義豐富啊，並立刻舉例向樊遲解釋。舜有天下的時候，提拔正直的皋陶當司法官，然後壞人就離開了。一個朝廷裡，好人、壞人本來就是在競爭，好人被重用，壞人便覺大勢已去。同樣的，壞人集結成黨，掌握大權，好人只能嘆天下無道。這說明行仁要知人善任，要把皋陶這樣的人才放在適當的位置上，就是幫助天下人。了解好人，這是智；提拔好人讓他造福天下人，這是仁。知與仁應如此配合。商湯有天下的時候，提拔伊尹，壞人就離開了。文獻記載，伊尹曾經五次在夏桀身旁做事，五次在湯身旁做事，這恐怕有點誇張了。一個人這樣跑來跑去，怕也很難做成什麼事。在《孟子》裡相當推崇伊尹。孟子把聖人分為四種，伊尹是最負責的。傳說中，商湯多次派人送禮給伊尹，希望他能出來做官，結果伊尹拒絕了。他起初認為自己過得很愉快，在鄉下和鄰居們處得很好，又以堯舜之道為樂，何必做官？但是，最後他還是接受了。他說，我一個人享受不太好，最好能把堯舜之道推廣到天下，讓天下人都可以享受堯舜之道。他接著說，上天生下這麼多百姓，以先知覺後知，以先覺覺後覺。我伊尹是先知先覺之士，應該來開導後知後覺的百姓。可見，伊尹知道自己的人生之路何在，已經達到了孔子四十而不惑的境界。

如果做人處事全憑良心，就沒有什麼可迷惑的。與別人來往全憑良心做事，遵守禮儀的規定，不會說錯話，也不會做錯事，一生將過得安穩。天下有很多這樣正常的人，但是，看到別人沒有安頓的生活，忍心嗎？伊尹之所以被稱作聖人，就是因爲他不忍心，總覺得這麼多百姓流離失所，每天茫茫然不知如何是好，自己應該去拯救他們。

在孔子看來，仁與智是好問題，但是考慮問題的格局要放大一點，要從國家、天下的角度來理解。首先分辨誰是好人，其次給他適當的位置，使之能夠造福蒼生。先有智，然後才能達到仁。如此而言，儒家思想是有系統且用心深遠的。

【第188講】

《論語・顏淵第十二》第二十三章和二十四章都在談朋友。第二十三章的原文：

子貢問友。子曰：「忠告而善導之，不可則止，毋自辱焉。」

子貢請教交友之道。孔子說：「朋友若有過錯，要真誠相告而委婉勸導，他若不肯聽從，就閉口不說，以免自取其辱。」

顯然，這是孔子給子貢的建議。我們都知道，孔子強調益者三友。第一是友直，意思是，眞誠而正直。所以，孔子在這裡提出「忠告而善導之」。當然，其前提是朋友犯錯了。人難免會有錯，有的錯誤源於性格，有的錯誤來自觀念偏差，甚至欲望過多。朋友之間互相了解，所以才能在有問題的時候提出忠告。「忠」可以理解爲眞誠。「忠」本意是忠心，多指對自己的心忠實，然後再忠誠地投射到對象身上，所以也包括眞誠在內。雖然我們常常講，儒家思想的關鍵在於眞誠。但是，《論語》裡面並沒有出現「眞誠」這個詞。直到《孟子》才開始講誠；《中庸》則講得最爲透徹。本章說對待朋友，應該眞誠地勸告，好好地引導。接著四個字「不可則止」曾經出現過。孔子說，大臣以道事君，不可則止。我用正道來服侍國君，行不通就停下來。這裡也一樣，交朋友也是不可則止。沒有人是一定要聽誰的話，交朋友以道義相結合，是心甘情願的。但是，人是會變的，也許碰到榮華富貴他變了，也許碰到艱難險阻他變了，於是朋友就分道揚鑣了。所以，朋友是我們自己的選擇。它與家庭裡面的父子、夫妻、兄弟不同；而與君臣關係類似，是可以選擇的。儒家把朋友作爲非常特別的一倫。因爲朋友之間是平等的，相處時朋友像鏡子一樣，他了解我，也讓我了解自己。所以，我們有一個詞叫「畏友」。每個人都應該有一兩個畏友，他說話很直率，不會給你留情面的。不過，與其將來別人批判、嘲笑我，不如好朋友私下不留情面，好好規勸我。

所以，談到交友，孔子給子貢，也是給我們每一個人這樣的建議。對朋友要忠告而善導之；同樣的，朋友對我們也是忠告而善導之，所以要善於採納意見，隨時自我反省。想交到什麼樣的朋友，首先就要問自己有沒有資格做到。不能要求朋友是友直、友諒、友多聞，但是自己卻不直、不諒、不多聞。那麼誰願意與你爲友？儒家的出發點是自我要求、自我反省。

第二十四章的原文是：

曾子曰：「君子以文會友，以友輔仁。」

曾子說：「君子以談文論藝來與朋友相聚，再以這樣的朋友來幫助自己走上人生的正路。」

「以文會友」這話說得眞好。交朋友總要有事情一起做，有話一塊兒說。不能老談投資、股票，做生意賺錢的事。「文」就是文學、文藝、文化，就是人一生受教育所學到的素養。我們常常說人文素養，而孔子教學時喜歡強調人才、人格、人文三種教育。如果僅僅是人才，但人格有問題，對社會可能反而是災難。只談人格，又未免失之嚴肅，一天到晚想著自己該怎麼盡責任。而人文則充分表現在空閒自處時，甚至宗教信仰，也屬於人文範疇。

與朋友來往，以文會友，將是非常愉快的事情。「文」的範圍很廣，幾乎沒有限制，有些人喜歡詩詞歌賦，有些人喜歡吟詩作畫……。朋友相處不要有太大壓力，各盡所長，提供各種資訊作為大家談話的材料即可，「友多聞」也就包括在裡面了。

以文會友之後的一句更重要，「以友輔仁」。我們再次強調：「仁」指人生的正路。每個人都走在人生之路上，但是所選擇的路正確嗎？有時候仍需要人指點，所以在《論語》中，孔子的學生們經常請教「仁」。而孔子則根據學生的不同情況，因材施教，給出不同的回答。一個人走路很辛苦，有時會感覺到孤單，好像喪失了信心；與朋友在一起，相互扶持，以友輔仁，一起走上人生的正路。此外，還有一些事要朋友們合作才能做成，就是所謂的「共襄盛舉」。

曾參這段話講得非常好。這句話也造就了一個大學：輔仁大學。我讀的就是臺灣輔仁大學，所以特別感激曾參。

子路第十三

【第189講】

本講要介紹的是《論語・子路第十三》第一章。原文是：

子路問政。子曰：「先之勞之。」請益。曰：「無倦。」

子路請教從政的做法。孔子說：「自己帶頭做事，同時使百姓勤勞工作。」子路想知道進一步的作為。孔子說：「不要倦怠。」

換句話說，不要想著進一步的作爲，只要做到不倦怠就夠了。不倦怠，就是有恆，亦即擇善固執的「固執」。我們做事時，一開始常常很開心、很新奇，但是能堅持多久呢？老子曾說一般老百姓做事，常常在快要成功的時候卻失敗了，所以要能「慎終如始」，就好像跑馬拉松，越是到最後關頭越是要小心。俗話說「行百里者半九十」，要走一百里路，走到九十里才算一半，最後那十里也占了一半分量，如果不能堅持到底，前面付出再多，事情還是沒做成。

子路是一個好學生，他在從事政治方面既有興趣又有能力，所以老師對他說四個字，「先之，勞之」，我先做我該做的事，再讓老百姓勤勞努力地工作，上下同心，政治怎麼會做不好呢？我們還記得季康子問的問題，孔子的回答是「子帥以正、孰敢不正」，當長官的先走上正路，誰還會走偏路呢？在《國語》裡面有一段話，說老百姓辛勞就會出現善心，相反的，怠惰、沒事做的話，就會出現惡心。這是很有趣的想法，原文是：「夫民勞則思、思則善心生。」「逸則淫、淫則忘善，忘善則惡心生。」話語中有一

「思」字，老百姓每天辛苦，他會想自己爲什麼努力工作，因爲上有父母、下有子女，就好好地勞作吧，於是出現善念。一旦「逸」，沒事做，很悠哉，荒廢時日，就會放肆，放肆就會過度，過度就會忘記善，忘記善，惡心就生了。這是古時候的觀念，認爲要讓每一個老百姓都有事做。其實，對於小孩子不是一樣嗎？有個母親有一次告訴我，她的兒子念小學五年級，自己不知道該怎麼管教。她曾問兒子說，假如你自己有一個小孩也是念小學五年級，你要怎麼去管教他呢？她兒子很聰明，說：讓他不要無聊。接著，這個母親就轉問我，這個小孩該怎麼教，我說我也不知道，但是讓孩子不要無聊是一個原則。我建議她放暑假時買一些好的電腦遊戲軟體，讓孩子不要無聊，每天在限定的時間內作功課和玩電腦遊戲，他需要有功課、有休閒，搭配起來，才覺得聽父母的話很有意思。西方宗教也強調許多罪惡往往來自無聊，今天無聊，魔鬼就來了，誘惑我們去做這個壞事、去做那個壞事。一個人忙起來的時候，哪裡有時間去做壞事呢？

所以孔子教他的學生，爲政的秘訣是先要自己做表率，帶領百姓一起努力工作，而且不要倦怠，一直做下去。

再接著下一章，是另外一位學生請教政治，所以可以合在一起講。原文：

仲弓爲季氏宰，問政。子曰：「先有司，赦小過，舉賢才。」曰：「焉知賢才而舉之？」子曰：「舉爾所知；爾所不知，人其舍諸？」

仲弓擔任季氏的總管，向孔子請教政治的做法。孔子說：「先責成各級官員做事，不要計較他們的小過失，提拔優秀的人才。」仲弓再問：「怎樣才能識別優秀人才進而予以提拔？」孔子說：「提拔你所認識的，你不認識的，別人難道會錯過嗎？」

仲弓是孔子德行科第四名的學生，孔子認爲他可以面向南方治理百姓。他此時擔任季氏的總管。季氏就是那個在魯國勢力最大的大夫，他有家臣，也有家宰總管。仲弓請教怎麼樣去從事政治活動，孔子給他建議三點：首先，「先有司」，你既然當總管了，要先讓各級官員好好做事；接著，不要計較他們的小過失。這是從政的藝術。一個人有小過失，你太計較的話，他沒有機會將功折罪；相反的，你給他機會他會特別努力，同時他的心態會比較謙虛，也比較柔軟。寧可看到一個人犯了小過失覺得慚愧而好好努力，也不願意看到一個人從來不犯過失而自以爲是，認爲自己就是聖人，沒有任何不對的地方。人都難免有過失，有過失之後，與別人相處比較容易，因爲看到別人有過失時也會體諒他。人群相處眞的需要互相體諒。我們都知道管仲與鮑叔牙的故事。在《莊子》裡面就提到這段故事，很有趣。管仲快過世了，齊桓公問他：誰可以接替宰相的位置，你覺得鮑叔牙怎麼樣？因爲當初是鮑叔牙推薦管仲當宰相的。管仲說鮑叔牙不行。因爲鮑叔牙不能容忍別人的小過，犯過一次錯誤他記一輩子，永不任用。大權一旦交給鮑叔牙就麻煩了，官員有一大半都待不下去了，那怎麼辦呢？所以要赦小過。

最後是舉賢才。那時還沒有科舉考試，科舉雖然有問題，但也是一種提拔念書人的方法。漢代的時候舉賢良，一個人如果孝順、廉潔，也可能被推舉出來做官，這也是一種方法。孔子告訴學生，推薦你所知道的人才，你不知道的別人也不會錯過。這是比較早的階段，所以孔子會提這樣的建議。

子路與仲弓同樣請教政治的做法，孔子卻根據他們的需要給出不同的答案。這才是眞正的因材施教。

【第190講】

本講要介紹的是《論語．子路第十三》第三章，它的原文比較長。

子路曰：「衛君待子而爲政，子將奚先？」子曰：「必也正名乎！」子路曰：「有是哉，子之迂也！奚其正？」子曰：「野哉，由也！君子於其所不知，蓋闕如也。名不正，則言不順；言不順，則事不成；事不成，則禮樂不興；禮樂不興，則刑罰不中；刑罰不中，則民無所措手足。故君子名之必可言也，言之必可行也。君子於其言，無所苟而已矣。」

子路對孔子說：「假如衛國的國君請您去治理國政，您要先做什麼？」孔子說：「一定要我做的話，就是糾正名分。」子路說：「您未免太迂闊了吧，有什麼好糾正的呢？」孔子說：「你真是魯莽，君子對於自己不懂的事應該保留不說。名分不糾正，言語就不順當；言語不順當，公務就辦不成；公務辦不成，禮樂就不上軌道；禮樂不上軌道，刑罰就失去一定標準；刑罰失去一定標準，百姓就惶惶然不知所措了。因此君子使用任何名詞來表示名分，一定要讓它可以說得順當；說得出來的，也一定讓它可以行得通，君子對於自己的言論，要做到一絲不苟。」

當時孔子到了衛國，衛國正好內亂。衛國的國君本來是衛靈公，他的夫人是南子，太子是蒯聵。太子與南子不合，曾經想動手對付南子，後來事情敗露逃到國外。在他逃亡期間衛靈公死了，南子就把蒯聵的兒子立爲國君，即衛出公。局面變得很複雜，爸爸還沒有接替國君的位置，兒子卻接到手了，而且一接手就是十二年，爸爸才奪回來，這是很難看的局面。這個時候孔子帶著學生來了，子路請教：如果衛國國君衛出公，就是兒子輩的這個國君，請您來治理國政，您要先做什麼事？孔子這時候就說了要正名，糾正名分，到底誰是君、誰是臣、誰是父、誰是子。一個國家只能有一個君，現在兒子已經當君了，那個做爸爸的在國外，就要老老實實說我是臣，否則君臣父子弄亂了，那老百姓怎麼治理得好呢？「必也」這兩個字代表假設語氣，我們說過好幾次了，「君子無所爭，必也射乎」，君子沒有什麼好爭的，如果一定要爭，就是射箭吧。這裡的用法也一樣，意思是「如果一定要如何」。

子路很喜歡做事，但缺乏耐心，也不知道爲什麼要正名，有什麼好正名的，既有國君，我們老老實實當大臣就行了，不是照樣可以替百姓服務嗎？子路因此說老師迂腐，也只有子路敢這樣說。孔子生氣了，直接罵他魯莽，眞是相罵沒好話。但是孔子講的是一套道理，這個道理是儒家的推論，有他的邏輯。孔子說，你對於不懂的事最好不要亂講，「名不正則言不順」，你沒有一個名分的話，說出來的話就不能代表這個名分。比如，我現在是一個老師，我就不能講校長該講的話，我當校長就不能講縣長該講的話，名分與身份配合之後，說出來的話，才有分量。每一個人都是這樣，名分若不能確定，該如何適當發言？同樣一句話不同的人說有不同的效果，這是名正言順的問題。

名不正言不順，然後事情就做不成；事情做不成，禮樂就不上軌道。到這個階段才談禮樂，是因爲能講究禮樂教化時，一個國家已經上軌道了，老百姓都用禮和樂維繫彼此之間的關係。禮代表長幼尊卑有秩序、能夠區分；樂代表大家的心態、心思可以和諧共融。禮是強調分，樂是強調合，一個社會能分能合才可以顯示秩序之美。禮樂不興，就會「刑罰不中」。老百姓難免犯錯，如果禮樂有問題，刑罰就不能夠適當，該罰的不罰，該賞的不賞，這個社會誰還願意做好人做好事呢？因爲大家會覺得做好事和做壞事的結果沒有差別。我們都知道，做好事與爬山一樣，做壞事與滾下山一樣。做壞事不需要花力氣，看見東西就拿、看見東西就搶，這不是生物本能嗎？做好事不同，坐車就要讓座、與人相見要有禮貌，這是需要修練的，是不容易的。刑罰不中，老百姓將無所措手足，老百姓連手腳怎麼放都不知道，代表他們不知道怎麼生活了。因爲每一個人活在世界上都知道要行善避惡，但是當看到善沒有善報、惡沒有惡報，就失去信心了，會質疑爲什麼要行善避惡呢？儒家的教育就在讓人的眞誠由內而發，自己願意去行善避惡，快樂也會由內而發。所以宗教講報應，大部分強調死後的善惡報應；儒家講報應，是說你行善會獲得當下的快樂。當然你眞的做該做的事，心裡想的並不是報應，而是我該做的，做出來以後，內心會處於非常圓滿的狀態。比如，我對父母親孝順，何必別人來稱讚呢？我能夠孝順父母、能夠讓父母開心，就覺得自己的生命安頓了；我對朋友講道義，不虧欠別人一分錢、一分情，這樣內心便覺得圓滿。其實，人生眞正的快樂並不是得到什麼特別的東西，而是心思非常單純，生活非常簡單，平平常常過日子，和別人沒有誤會或怨恨。相反的，刻意追求某一種快樂，想望某一種善報，做起事來就會處處計較，掛念著好報應，總覺得報應不夠，一切便複雜化了。這點是我們一直要強調的。其實道家也是一樣，吃飽喝足以後，心思儘量單純，稱爲「虛其心，實其腹」。

【第191講】

本講要介紹的是《論語・子路第十三》第四章：

樊遲請學稼。子曰：「吾不如老農。」請學爲圃。曰：「吾不如老圃。」樊遲出。子曰：「小人哉，樊須也！上好禮，則民莫敢不敬；上好義，則民莫敢不服；上好信，則民莫敢不用情。夫如是，則四方之民襁負其子而至矣，焉用稼？」

樊遲請求學習農耕之事，孔子說：「我比不上有經驗的農夫。」他又請教種蔬菜，孔子說：「我比不上有經驗的菜農。」樊遲離去之後，孔子說：「樊須真是個沒志氣的人。在上位的人愛好禮制，百姓就沒有敢不尊敬的；在上位的人愛好道義，百姓就沒有敢不服從的；在上位的人愛好誠信，百姓就沒有敢不實在的。能做到這樣，四方的百姓就背著小孩投奔過來了，又怎麼用得到農耕呢？」

這段話不太好解釋。有一次，我在農學院講到這段話時，學生都很憤慨。在這裡我們要說明一下。樊遲這位學生我們說過，他學習的心得不是很好，一段時日後發現做官恐怕沒有希望了，就想另謀出路，請老師教我種田好了，好歹有收成可以過日子。孔子說，我不如有經驗的老農夫，因爲耕田也是一種專業，孔子在這一方面經驗不夠。人活在世界上時間那麼短，不可能樣樣都懂，所以要做什麼事需要選擇。樊遲又說，那您教我種菜吧（前面那個農夫是種稻米的）。孔子說，我不如有經驗的菜農。老師兩度這樣講，樊遲就離開了教室，他一定感覺到自己的問題提錯了，或者也許看到老師的臉色不太好看。果然，他離開之後孔子就批評了，「小人哉，樊須也」。學生如果不太上道，老師在背後照樣要加以批評的，這話說給誰聽？說給留下來的同學聽。

當然，我們還是要問，難道別人不能選擇做農夫嗎？要回答這個質疑，首先要了解孔子的教育目的。他爲什麼說樊遲是「小人」？這裡的「小人」與「君子」相對而言。君子有志向，要讓人的生命全方位發展，但是有重點，就是德行的培養。小人就是指沒有志向的人，他的身體長大了，心思卻只想著吃飯、住房子這種低層次的物質需求。這種需求沒有人可以忽略，它是必要的，但還不夠，有吃有住之後還要做什麼？這才重要。孔子教學生，希望他們立志，千萬不要只做個一般的百姓，只顧到物質層面的需求，而忘記自己還有更大的潛能，可以在德行上、在其他方面發展。具體來說，在孔子心目中，受教育的目的很簡單，就是擁有專業知識與能力以後可以做官，照顧百姓。做官就等於照顧百姓，有個學生沒做好，孔子讓大家「鳴鼓而攻之」。如果我們了解孔子的教育目的，就會理解他爲什麼會批評樊遲缺乏志向。

孔子後面又講了三句話，在上位的人做到禮，底下的人就會尊敬；在上位的人講求道義，底下的人就會服從；在上位的人講求誠信，底下的人就實實在在。「莫敢不用情」的「情」字在古代往往作爲「實、實在」的意思。這說明一方面上行下效，另一方面上下對應。老百姓統統做到了剛剛所說的三點——能夠尊敬(認眞負責)，也能夠服從(行善避惡)，又能夠實實在在做人處事，社會就上軌道，不會有問題了。所以既然學了那麼久，爲什麼不把這三點做到？最後只爲了個人的稻粱，實在不夠開闊。

以今天來說，不管學理、工、農、醫、法、商任何一科，自己站穩之後就要考慮到這個行業對社會有什麼幫助，在社會上還能多做些怎樣的公益事業。這是儒家的一種理想。如果只爲個人，志向太小了。所以，有能力的人就要設法讓能力配合自己的德行，而德行就是盡力照顧更多的人。這也是一種快樂。所以孔子最後說了一句話，能做到這三點，四方的百姓就會抱著孩子來共襄盛舉了。四方代表東南西北，中原之國在中間，與四方的百姓又不認識，也不見得是同一種文化，但是他們照樣會帶著孩子來投奔。因爲在這裡有禮、有義，還有誠信。簡單一句話，就是因爲在上位者行善。所以儒家的性善論是說「人性向善」，因爲四方的百姓也向善，他們看到你行善自然就來了，這不需要宣傳、不需要口號，更不需要去鼓吹，關鍵是不要把人性看做本善的。「本善」這兩個字不好解釋，因爲我們都知道，在社會上每天都發生許多不對的事情、邪惡的事情，如果說本善，就要解釋一個人爲什麼會做壞事。人的特色是有理性可以學習、可以思考，有自由可以做判斷、做選擇，但是所做的事要自己負責任。這是一個人的實際情況。有自由代表可以行善也可以爲惡，同時具備這兩種可能，否則我們說人類有自由，但是只能夠行善，那就不能稱爲自由了。因此要問，如果沒有人管束監督，還能夠爲善嗎？教育的關鍵即在此。儒家的思想就是讓人眞誠，爲善的力量由內而發，做到之後才會快樂、快樂也由內而發，別人不能奪走。相反的，如果行善是因爲別人在鼓掌、別人在觀察，一旦別人不在乎，或者別人不在身邊的時候，我們就不一定行善了。這是自古以來人性裡最關鍵的問題。

西方也是一樣，在柏拉圖的《對話錄》中有〈理想國〉一篇，講一個牧羊人遇到大地震，地面裂開一條縫裡面有一口棺材，他下去打開來一看，棺材中骷髏手上戴著一枚戒指，他把戒指拿來戴到自己手上，後來發現這枚戒指可以讓人隱形，把戒面轉過來對著自己就不會被人看見了。請問這個牧羊人還能夠循規蹈矩、奉公守法嗎？不能，他謀殺國王後自己篡位。如果讓人們自由做選擇，爲什麼還要行善避惡呢？儒家思想的重要性即在於此，只要眞誠，就會發現力量由內而發，別人不管我們，我們還是要行善，而快樂也將由內而發。這一點西方學者到現在爲止還沒有辦法得出像孔子這樣的論證。

所以，「樊遲事件」引發孔子的這段話，透露出孔子內心堅定的信念和對人性的肯定。這才是我們要學的重點。

【第192講】

本講要介紹的是《論語・子路第十三》第五章。這一段的內容是：

子曰：「誦《詩》三百，授之以政，不達；使於四方，不能專對；雖多，亦奚以為？」

孔子說：「熟讀《詩經》三百篇，給他政治任務沒法順利辦成，派他出使外國不能獨當一面，這樣念書再多又有什麼用處呢？」

孔子認為讀書還是要回歸到實際的生活，否則就成了讀死書，變成兩腳書櫥，書念得很多，一遇到現實的情況不能靈活應用，那是不夠的。《詩經》有三百零五篇，簡稱三百篇，熟讀了之後有什麼效果呢？孔子對自己的兒子說，你讀《詩經》了嗎？他兒子說還沒有仔細去念。他說你「不學《詩》無以言」，你不學《詩經》的話，說話就沒有根據、沒有憑藉。人人都會說話？但是有些人說話很文雅，能夠恰到好處，適當表達意思。有些人說話就直來直往，會發出聲音、會表達意思而已，非常粗糙。所以受教育的目的就是要設法理解《詩經》、《尚書》等古人留下的資料，而不要只靠自己的經驗。一個人能接觸多少事情呢？三百六十行一輩子頂多做個兩三行，但是熟讀《詩經》，各方面都知道一些，因為古代有采風之官，把各地的歌謠收在一起，由此可以知道每一個國家的風俗民情，其中也包括朝廷在各種正式祭典上所唱的詩。如此一來，這些生活經驗都給我們提供了材料，學習之後馬上可以應用於現實生活。如果只靠自己的體驗，恐怕累積各種經驗之後，年紀已經很大了，這一生不是變成實驗與錯誤的犧牲品了嗎？

所以孔子強調學習《詩經》等古代的材料，這是「溫故」；但還要「溫故而知新」，因爲每一本書都是前人留下來的，是別人的經驗寫給我們看的，不是我們自己的經驗，依樣畫葫蘆，也沒有用處。大家聽久了之後，就好像小時候聽童話故事，聽完之後也不知道爲什麼這樣、爲什麼那樣，只是覺得很有趣而已。讀書人一定要把它轉化爲現實可能遇到的實際狀況，研究如何應用、如何面對。孔子在〈陽貨第十七〉裡提出，學習《詩經》之後，除了可以興、觀、群、怨之外，還可以「邇之事父，遠之事君」。就近可以學會與父母相處，遠的可以學會和國君相處。所以學會之後就要把學問用在生活上，從而減少錯誤，讓自己的生活更有效率。

第二段，讓你當外交官到國外去，能不能夠獨當一面呢？因爲古時候的外交官是「受命不受辭」，國君給你命令，要你完成什麼任務，這叫做「受命」；國君不會告訴你怎麼說，這叫「不受辭」。如果國君連如何對答都要告訴你，那何必要你去當大使、給你這麼高的待遇呢？「使於四方不能專對」，專對，就是自己可以想辦法用我的學問、我的言辭完成國君交代的任務。爲什麼需要學習《詩經》呢？我們現在學成語也是一樣的意思，很多話直接講太直白了，說出來別人會覺得沒有迴旋的餘地。兩點之間最短的是直線嗎？數學上也許是，人際關係上絕對不是。比如，你認識我、我認識你，但一直沒有成爲朋友。是認識好久以後發生了一件事，才知道患難中見眞情。那爲什麼很早以前沒成爲朋友呢？所以在這個時候才發現，原來要把我們之間的距離變得最短，還需要繞上一大圈。《詩經》的效用之一，就是讓我們的言語婉轉得體，有如在外交場合起了潤滑的作用。

本章的中心意思就是強調要學以致用。有些念書人學問很好，但是只關在象牙塔裡面做專業的研究，當然他有他的貢獻，這不能否認。但假設今天研究儒家，卻和別人都不來往，那學習儒家有什麼用呢？我們講《論語》到現在，已經超過三分之二的篇幅了，哪一段不是實際生活中的事情？學生向老師請教怎麼從政、什麼是仁德，甚至該怎麼樣做農夫，都是具體生活中的問題。孔子的回答，也都就生活中的材料，舉個例子或講個故事。今天研究學問卻往往變成寫論文，寫出來之後沒幾個人看得懂，越是沒人懂的，越顯得高明。西方也類似，西方最早一部完整的哲學書是《柏拉圖對話錄》，你說一句、我說一句，兩個人討論。《柏拉圖對話錄》裡面現在留下來的有二十六篇，大半以上都沒有結論。比如，我與你討論一個問題，什麼是勇敢、什麼是美、什麼是善，討論半天沒有結果，但重要的不在於結果，而在於過程。討論過程中讓我們發現自己的觀念是狹隘的，只看一面，而別人和我們唱反調，有正、有反、才能合，才能往上提升。可見，西方像《柏拉圖對話錄》所談的內容，也都是每天發生的事。但是後來做學問的哲學家寫出來的書沒幾個人看得懂。爲什麼近代存在主義受到歡迎？因爲存在主義特別就人的生活及生命的困境來加以思考，大家就覺得比較親切。要不然往前鑽研，理性主義、唯心論、現象學，一路到現在的結構主義、後現代主義，一說大家就頭昏，請問那樣的學問是學問嗎？我覺得，學問一定要來自於生活，還要回歸到生活。《論語》的這一章，就是一個很好的例子。

【第193講】

本講要介紹的是《論語・子路第十三》第六章，它的原文是：

子曰：「其身正，不令而行；其身不正，雖令不從。」

孔子說：「政治領袖本身行為端正，就是不下命令，百姓也會走上正途；如果他自己行為不端正，即使下令要求，百姓也不會跟著做。」

孔子談論政治領袖的篇章很多了，比如：「政者正也，子帥以正，孰敢不正？」你當領袖的人自己行事作風正派，誰敢不正派呢？那爲什麼還要談這一段呢？因爲這段話的意思還是不太一樣。

本章分兩部分：第一部分，本身行爲端正，雖不下命令，百姓也會走上正途。我常說，《論語》裡面凡是牽涉到仁，都反映出孔子的信念，因而特別重要。因爲孔子有些話別人也會講，比如「仁者愛人」，誰不講「愛人」呢？釋迦牟尼不講嗎？耶穌不講嗎？蘇格拉底不講嗎？古今中外的聖賢講愛人的多得是，從這個角度看，孔子講愛人並不特別。重要的是他爲什麼要講。上述其他聖哲講愛人，是因爲一個人愛別人時不會自私，不太會替自己考慮，慢慢會把自我的執著化解掉。化解我執，是目的；教人愛人，是方法。耶穌說你要愛神、也要愛人，如果不愛那看得見的弟兄，怎麼能說你愛那看不見的神呢？所以你要愛護別人，因爲別人也是神所造的。後來的墨家講兼相愛，就是同時要愛護很多人，還要平等地去愛。意即「兼」不是只有同時，還包括平等，這與儒家的「愛有差等」並不同。事實上，有誰能做到平等地愛護別人？不可能。一定是先愛護自己的父母、子女、家人，行有餘力再去愛護別人的父母、別人的孩子。所以儒家的思想是講究差等、推己及人、循序漸進。墨家的思想太高了，他說每一個人不能只顧自己，要平等地愛每一個人。孟子便批評墨家這樣的主張，是無父無君了。儒家教人愛人是因爲人性向善，而善是我們和別人之間適當關係的實現，只要眞誠，力量就由內而發，由不得我們不去愛人。那麼孔子說「其身正不令而行」，我當領袖本身正派，不下命令百姓也跟著我走，也是因爲人性向善。否則，憑什麼說只要自己正派，不用下命令百姓也跟你走上正路。

第二句比較複雜，說「其身不正，雖令不從」，在上位者本身行爲不端正，即使下令要求，百姓也不會照著做。命令有兩種：第一我自己不端正，卻下命令要百姓端正。百姓就說，憑什麼你不端正卻要我們端正？因爲古代社會是有階級的，簡單二分就是統治階級和被統治階級，統治階級自己吃喝玩樂，叫老百姓規規矩矩地交稅，那行不通。孔子的故事裡面有一段強調「苛政猛於虎」，一群人住在樹林裡面，寧可冒著被老虎吃掉的風險，也不到鎭上去住，就是因爲苛政、稅收太重，活不下去。自然界的災害還可以防範，人禍眞不知道該怎麼辦了，別人不給你活路，你怎麼逃都沒用。所以，你在上者其身不正，卻命令老百姓走上正路，老百姓不甘心。第二，我自己不端正，命令老百姓與我一樣不端正，老百姓也不接受。這裡又回到人性向善了。

就是這麼十幾個字，也不知道是誰問的，也不知道爲什麼問，就把這句話留下來了。念《論語》最大的困難就在這裡。這是因爲《論語》的成書過程比較特別，它並不是一個人寫的，而是在孔子過世以後，很多學生主動爲他守喪期間，大家回憶老師以前說過的話並加以記載，有些沒有交代背景，只有一句話傳了下來。後世無法還原當時的景況，只能在解釋上儘量講得合理。對儒家來說，每個人自己心裡知道在做好事還是壞事，做好事時可能沒有特別的感覺，而做壞事時感覺便明顯，總想看看有沒有人注意。我在學校教書，遇到最多的問題是什麼？就是學生考試作弊。學生不知道這是錯的嗎？當然知道，所以他遮遮掩掩，小心注意怕被發現。他如果認爲作弊不是壞事，可以正大光明地作弊。那大家也許要問，爲什麼做壞事的時候感覺這麼明顯，而做好事的時候沒有特別感覺呢？答案還是一樣，人性向善，所以做好事覺得很自然，而不做好事，內心裡面那個「向」就受到影響，被擋住了，覺得很不自然，有點慚愧。儒家很喜歡講羞恥的恥，恥字的關鍵在於個人的行爲與團體的要求有落差，所以才有羞恥心。一個人最怕沒有羞恥心，沒有羞恥心的話誰能教他呢？所以這雖然是很短的一段話，卻反映出孔子對於人性的看法。

【第194講】

本講介紹的是《論語・子路第十三》第九章，這一章的原文是：

子適衛，冉有僕。子曰：「庶矣哉！」冉有曰：「既庶矣，又何加焉？」曰：「富之。」曰：「既富矣，又何加焉？」曰：「教之。」

孔子前往衛國，冉有為他駕車。孔子說：「這裡人口眾多呀。」冉有說：「人口眾多之後，接著應該做什麼？」孔子說：「使他們富裕。」冉有說：「如果已經富裕了，還應該做什麼？」孔子說：「教育他們。」

冉有是孔子學生裡面很特別的一位，列名在政事科，年紀輕輕，卻排在第一，很有才華。孔子多次提到他多才多藝，做官不是問題。

本章是很有特色的一段話，提出對從事政治，或者對人類發展的一般看法。分三個階段。第一，人口眾多。古時候人口稀少，現在中國已經人很多了，所以這方面我們不用想太多，已經完成第一個目標了。第二是發財。這一句話就證明儒家沒有反商情結，做生意開發我們的潛能，讓經濟水準提高，大家都有錢，這是好事。孔子絕不是只讓衛國人去發財、只讓中國人去發財，他是普遍的希望人類都能有基本的經濟生活條件。這個世界上至今還有將近一半的人經常處在饑餓之中，說明孔子的第二步目標還沒有實現。但我現在問了，一定要吃飽穿暖才能受教育嗎？那很多人恐怕一輩子沒有機會了。所以，人口多、賺了錢、然後受教育，這個順序不是時間上的順序。如果把它當做時間上的順序就糟糕了。做任何事都要有目的才能被理解。比如，今天打開電視看到《論語三百講》，你看下去了，請問你的目的何在？你漫無目的就這樣看，說明你無事可做，反正看什麼都一樣。有很多電視臺可以選擇，你爲什麼選擇這個節目？一定要有目的，比如希望藉機了解《論語》在說什麼、儒家有什麼思想。有了目的，才能讓人理解你爲什麼做這件事情。同樣，孔子說人口眾多有什麼目的？就是受教育。經濟繁榮有什麼目的？還是要受教育。這話與後來孟子的發揮可以配合，孟子說，「飽食暖衣、逸居而無教，則近於禽獸」。一群人吃飽了、穿暖了，每天生活很悠哉，但是沒有受教育，那就接近於禽獸，因爲他只能靠本能，靠他的衝動和欲望來主導一切。那將是一個可怕的社會。

還好這段話也沒引起太大的誤解，我們歷來對於孩子的教育都很重視。但是做父母的請捫心自問，我們對孩子的教育是不是有時候太過於功利？孩子受教育，要考第一名，要進入好學校。但目的何在呢？不在於教育自己，而是希望在社會上取得優勢，將來可以得到好的工作、掙很多錢。而儒家的教育思想是什麼？以孟子來說，基本上是五倫之教，受教育之後就要記得父子有親、君臣有義、夫婦有別、長幼有序、朋友有信。這五倫之教使得人類和動物完全不同。所以我們講儒家的教育有人才、有人文、有人格，關鍵在於人格。人才，必須考慮生下來是什麼樣的材料，這一點我們無法掌控，祖先也要負一部分責任。人才方面各有所長，不能勉強。我生下來數學就不好，怎麼能怪我呢？而且，也沒有什麼關係，我可以就自己的優勢學習別的。人格方面卻是無所逃避的，像莊子說的「無所逃於天地之間」。因爲每一個人都有父母，誰能不愛父母呢？這是天性；每一個人都在社會上做事，誰能不遵守國家的法律和規定呢？

【第195講】

本講要介紹的是《論語．子路第十三》第十五章，這一章的內容比較長。

定公問：「一言而可以興邦，有諸？」孔子對曰：「言不可以若是，其幾也，人之言曰：『為君難，為臣不易。』如知為君之難也，不幾乎一言而興邦乎？」曰：「一言而喪邦，有諸？」孔子對曰：「言不可以若是，其幾也，人之言曰：『予無樂乎為君，唯其言而莫予違也。』如其善而莫之違也，不亦善乎？如不善而莫之違也，不幾乎一言而喪邦乎？」

定公是魯定公，魯國的國君。定公詢問孔子：「一句話可以使國家興盛，有這樣的事嗎？」孔子回答：「話不可以說得這樣武斷，以近似的程度看，有一句話是說：『做君主很難，做臣屬也不容易。』如果知道做君主很難，不是這樣一句話就可以使國家興盛嗎？」定公又問：「一句話就可以使國家衰亡，有這樣的事嗎？」孔子說：「話不可以說得這樣武斷，以近似的程度看，有一句話是說：『我做君主沒有什麼快樂，除了我的話沒有人違背之外。』如果你說的是對的，沒有人違背不是也很好嗎？如果你說的是不對的，卻沒有人違背，不是近於一句話就可以使國家衰亡嗎？」

孔子做官的時間大約是在魯定公九年，也就是說魯定公已經負責國政九年了，孔子當時五十一歲。定公徵詢孔子的意見，大概是在這個階段。當國君的人都希望把國家治好，最好一句話就夠了，你給我一句口號，我到處去宣傳，給我一句標語，我到處去貼，如果看到這個標語的人統統變成好人，那不是很容易就把國家治好了嗎？所以魯定公就問了「一言可以興邦」那樣的話。說實在的，國家這麼大，人口這麼多，社會這麼複雜，希望用一句話就可以使國家興盛，這個想法也太天眞了一點。

孔子對國君都是很禮貌的，因爲孔子有三種敬畏的對象，其中之一就是敬畏大人，大人即政治領袖。爲什麼敬畏大人？因爲孔子認爲，大人身繫國家之安危，尊重他，就可以使他尊重自己。孔子很了解人性，知道對政治領袖越尊重，他也會就越尊重自己。相反的，不尊重他，天天罵他，罵到最後他也沒有尊嚴了，反正做得好也挨罵，做得不好也挨罵。那爲什麼要好好做呢？所以孔子基本上很尊重政治領袖，就是寄望他們知道自己的責任重大。一個農夫不好好種田，頂多收成少一點、交稅少一點，一個國君不好好修養自己，國家就亂了。

孔子如何回答魯定公的提問呢？他說，這樣吧，我給你講一句近似的話，做國君很難、做大臣也不容易，你如果知道做國君很難就夠了。言外之意就是，只要你戰戰兢兢，不要鬆懈，這樣就可以使國家興盛了。人最怕在奮鬥的過程中很努力，一旦大權在握就鬆懈了。西方有一句話說，你可以用劍做任何事，但是你不能坐在劍上面。古代打天下當然是用刀劍，擁有天下之後還能用刀劍嗎？不行，刀劍放在一邊，這時候就需要重新學習另外一套，就要講文化、講教育。所以，做國君很難，沒有可以鬆懈的時候。孔子說，你了解這句話就夠了，就可以讓國家興盛。

定公又問了，有沒有一句話會讓國家衰亡呢？他的頭腦眞簡單。孔子的回答也是一樣，說話不要這麼武斷，一定要說的話，用近似的一句話，就是我當國君沒什麼樂趣，除非你們都聽我的話，不要違背我的意思。我說什麼你們都統統照著做，比如我說要蓋一個阿房宮你們就蓋，不准抗議。這樣一來國家就有麻煩了，所以孔子說，如果你說的話是對的，別人照著做很好；如果你說的話是錯的，別人也跟著做，那國家不是就衰亡了嗎？

孟子後來發揮這個思想，他說「長君之惡其罪小，逢君之惡其罪大」。意思是國君做壞事我幫他多做一點，他洗錢我幫他搬錢，這個時候大臣的罪過還比較小。因爲國君與大臣都知道這是壞事，所以偷偷摸摸做。但是，第二種，「逢君之惡」，國君做壞事我幫他找理由，說：你做的不是壞事、你做得眞好，你是該洗錢，應該多洗一點。這就是迎合國君，並把他的罪過合理化，讓國君以爲自己做的不是壞事，可以做得理直氣壯，那就更可惡了。所以，孟子說這樣的人罪過更大。我們才在前面提過，君子和而不同，小人同而不和。假如只能是一言堂，大臣不管是非一律逢迎國君，國家怎麼能維持好呢？所以，孔子對魯定公說，這句話就可以讓國家衰亡。

魯國當時的政局確實不太理想。魯定公是國君，國家分爲四部分，國君只占四分之一，另外還有孟氏、叔氏、季氏三家大夫，季氏勢力最大。執政者當時是季桓子，後來是他的兒子季康子。孔子離開魯國就在魯定公的時候，因爲魯定公接受了齊國送來的美女，每天耽於享樂不再上朝，對孔子也開始疏遠。魯定公和季桓子都不上朝了，孔子這個代理宰相也無可發揮，而且在下一次祭祀後分配祭肉給大夫時，沒有分給孔子，孔子就以此爲藉口辭職了。我們曾經說過，他離開魯國與離開齊國時的態度完全不同。孔子有二大特質特別值得後代學習，一方面是非常眞誠，另一方面是能夠正確判斷。遇到魯定公這樣的國君、遇到季桓子這樣的正卿，即使居宰相的位置一樣無能爲力，留下來，大家只能慢慢耗時間，尸位素餐，孔子是不會這樣做的。孔子此後周遊列國，他的生命精神在五十五歲以後全盤展現出來，若沒有經過這番檢驗，怎麼知道孔子是眞金還是假金呢？

【第196講】

本講要介紹的是《論語・子路第十三》第十六章以及第十七章。

第十六章的原文：

葉公問政。子曰：「近者說，遠者來。」

葉公請教政治的做法。孔子說：「使境內的人高興，使境外的人來歸。」

我們提過「葉」這個字，在古代念成shè(ㄕㄜˋ)，今天念yè(ㄧㄝˋ)。葉公是一位楚國大夫。楚國大夫為什麼稱「公」呢？因為楚國的國君認為自己和周朝天子是平等的，也稱楚王。稱王和稱公是不同的。現在習慣稱王公貴族，在當時，稱王的只能是周天子，各國國君只能稱公，比如齊景公、魯定公，都是稱公。楚國國君既然自稱楚王，他底下的官員就抬高一級，所以葉公一個大夫也稱公。

楚國強大之後，內部開始紛亂了，因為各方的勢力互相排擠和衝擊。所以葉公請教政治的時候，孔子也是因材施教，說要近悅遠來。現在一般常看到這四個字的是在餐館，經常掛個牌子寫「近悅遠來」，這出於《論語》。當然這樣做也沒有人反對，至少儒家的思想是傳下來了。在古代，人民的遷徙是比較自由的，不大受約束。所以，後來到孟子的時代就有一段很有趣的事，孟子見梁惠王，梁惠王就抱怨了，河內發生饑荒，我就把河東的糧食運到河內，又把河內的一部分百姓遷到河東，讓大家都可以活命；河東發生饑荒，我用一樣的方式來做。考察各國的政治沒有像寡人這麼用心的，但是鄰國的百姓沒有減少，寡人的百姓沒有增加，這是爲什麼？這段對話說明到孟子的戰國時代中期，情況也是類似，一個國家政治上軌道，老百姓過著幸福安定的生活，外面的人就會移民進來了。如果這個國家有問題的話，老百姓就移走了。耕田需要人、打仗需要人，有人國家才會強大。孔子這裡說的「近者、遠者」，我們翻譯成境內之人和境外之人。國境之內的人已經是楚國人了，希望你們開心；國境之外的人，希望能吸引到楚國來。以今天來說，你是本國人，就要讓你過得開心，以做本國人爲榮，不要再移民了。這當然是我們普遍的願望，如果很多高端人才都移民走了，那國家將如何呢？世界上很多國家特別歡迎高端人才，有錢、有本事的，它就歡迎。它能吸收人才，競爭力就強了，而我們這些發展中的國家，人才就被吸走了。那麼人才什麼時候能回流呢？就要看政策是不是做得更好。所以孔子說的這段話今天還是有用的。

接著第十七章也和政治有關，原文是：

子夏爲莒父宰，問政。子曰：「無欲速，無見小利。欲速則不達；見小利則大事不成。」

子夏擔任莒父的縣長，請教政治的做法。孔子說：「不要想要很快收效，也不要只看小的利益。想要很快收效反而達不到目的，只看小的利益反而辦不成大事。」

子夏是孔子的高材生，他擔任莒父的縣長，已經是大夫了。魯國大的家族，每個都有十幾個，甚至幾十個縣，可以封很多人當縣長。子夏比孔子小四十四歲，他當縣長的時候孔子年紀已經很大了。他請教老師應該怎麼樣把政治做好，老師給他的答案是不要想要很快產生效果，欲速則不達。我們現在還在使用這句成語，但同時又辦了很多速成的補習班，說是可以讓人立刻把英文提高到什麼樣的程度。到最後呢？考完試之後恐怕都忘光了，因爲沒有基礎。許多事情都是有順序的，必須照順序來。我們有這種經驗，有時候爲了趕路去一個地方，別人說有一條小路比較快，結果走著走著迷路了。你走大路的話雖然塞車，最後還是到了。我們都知道龜兔賽跑，烏龜怎麼跑得過兔子呢？不要說誰輸誰贏，光是龜兔放在一起賽跑，已經讓人震撼了。兔子覺得太容易，反而疏忽了。烏龜的特點就是慢慢爬、不要停。西方有個類似的笑話，說阿奇里斯讓烏龜先走一步，就永遠追不上烏龜。阿奇里斯在希臘時代是神話裡面的重要人物，外號叫飛毛腿，爲什麼跑不過烏龜呢？因爲阿奇里斯讓烏龜先走了一步，而這一步是由很多點構成的。多少點呢？無限的。因爲點不占空間，所以這個空間裡面的點就是無限的。當阿奇里斯的前腿接近烏龜後腿的時候，烏龜又前進了一點點，那一點也是無限的。你怎麼可能在有限的時間通過無限的點呢？這變成一個詭辯了。在希臘時代有很多類似的詭辯，比如說，一粒沙掉到地上有沒有聲音？一粒沙這麼細，用放大鏡才看得到，怎麼會有聲音？但如果沒有聲音的話，爲什麼一堆沙掉到地上有聲音呢？如果一堆沙掉到地上有聲音，那麼一粒沙掉到地上也有聲音，只不過你沒聽到。這些都屬於詭辯。在這裡，欲速則不達是說，如果貪快的話，就反而達不到設定的目標，任何事情都有它的規矩和規律。

再看第二句話，見小利則大事不成。現在國家建設，有的地方開高速公路，開始便決定開四線道，這時很多人便嘲笑，認爲不可能有這麼大的流量，何必浪費錢開四線車道，等到經濟繁榮之後才發現，四車道不夠用，說明開始建設的人很有遠見，是辦大事的人。如果開始按照反對的人的意見，不要四車道，一車道就夠了，那每隔幾年就要拓寬一次，問題可大了。這叫做見小利。

在政治上也一樣。但問題是，通常在政治上大家都喜歡急功近利。我們可以看到很多橋，旁邊立一個簡單的碑，說明是誰當縣長建的。說實在的，不太會有人注意誰造的橋，有橋過就好了，我們今天所享有的一切不都是祖先所留下來的好東西嗎？一定要刻石爲念，讓大家知道這是我造的橋，到最後，大家就要問這個人是哪一個朝代的縣官呢？搞不清楚。你不需要看這種小利，計利當計天下利。所以孔子勸他的學生，雖然是一個縣長，但是要考慮長遠。比如，縣的建設不要只考慮三、五年，要考慮三、五十年，讓後人都可以受益。我去歐洲看到一座教堂，旁邊註明，這個教堂從開始建造到建造完成歷時三百年。開始出錢建造的那一批人根本來不及見到教堂完成，看到教堂完成的是三百年後他們的子孫，一棒接一棒把教堂蓋起來。那座教堂看起來眞是宏偉！如果抱著成功必須在我的想法，這座教堂就不可能成爲重要的名勝了。

【第197講】

本講要介紹的是《論語．子路第十三》的第十八章，原文是：

葉公語孔子曰：「吾黨有直躬者，其父攘羊，而子證之。」孔子曰：「吾黨之直者異於是：父爲子隱，子爲父隱。直在其中矣。」

葉公告訴孔子：「我們鄉里有個正直的人名叫躬，他父親偷了羊，他親自去檢舉。」孔子說：「我們鄉里正直的人做法不同：父親替兒子隱瞞，兒子替父親隱瞞。這裡面自然就有正直了。」

這段話千古以來引發了許多爭議。儒家被人批評爲：只重人情而忽視法律，不能現代化，都與這句話有關。甚至還有人說，爸爸貪污拿了錢，子女替他否認，這是受孔子的影響。說實在眞是冤枉，美國有很多黑道中人，騙了很多錢，其子女也照樣隱瞞，請問他們學過《論語》嗎？孔子說，爸爸要替兒子隱瞞，兒子要替爸爸隱瞞，因爲這是一種人性自然的表現，家醜不可外揚。葉公說我們楚國有一個人非常正直，他的名字叫躬，所以他直接說「直躬」兩個字——古時候有個習慣，你名叫躬，又很正直，就把「直」加在你名字前面，變成「直躬」了。就好像有一個強盜，據莊子說，是柳下惠的弟弟，叫做跖，因爲他是強盜，最後人稱「盜跖」。等於是把的特色加在名字上。這位直躬，他爸爸偷了羊他親自去檢舉，楚國人都說他多麼正直啊！孔子如果是一個老好人，他同樣可以說那不錯、我沒有意見。而孔子這時候偏偏要講上述那樣一段很難理解的話，我們就要問了，孔子為什麼強調隱瞞裡面反而有正直呢？直，在《論語》裡面出現過很多次，代表「眞誠而正直」。不要只把它理解為正直，因為天下哪一個人不認為自己正直？你到監獄找一些犯人問，他們也會覺得自己很正直。所以正直牽涉到判斷，標準由誰來定？我們比較強調眞誠，認為這個「直」字，代表眞誠而正直。請問，你如果眞誠地看待自己，父親偷羊你願意他被發現嗎？當然不願意；兒子偷羊做父親的喜歡他被發現嗎？當然不喜歡。這是很眞誠的反應。所以，儒家不是為了人情而忽視法律，而是注意到人情自然的表現，不要扭曲它。假如現在我父親偷羊我去檢舉，別人說這個人眞了不起，為了公理、為了正義而檢舉父親。但我一定會覺得，父親偷羊這件事情，被別人查到我就認了，要我去檢舉，以後我吃得下飯嗎？怎麼做人呢？父親永遠不會原諒我的。所以如果父親偷羊子女去檢舉的話，違反人性正常的願望，這是儒家反對的。儒家很重視眞誠，這也是一個例子。

孔子說父親為兒子隱瞞、兒子為父親隱瞞，這其中「有直」，並不代表這就是直，而是指裡面有眞誠的情感。中國歷代法律也強調，在三等親之內，作證不見得被採信，因為可能會有人情上的考慮。這就是儒家的思想。所以我們千萬不以為儒家反對法治。孔子自己當司寇（就是司法官，負責治安）的時候，公正嚴明地照法律來做，把魯國治理得很好。此外，這裡沒有談到是非曲直的問題，我父親去偷別人的羊，也許別人欠他錢不還呢？我父親除了偷羊沒有別的辦法，偷一隻算一隻，抵一點賬吧。這背後的原因很複雜，沒有人知道。所以他只問如果父親偷羊兒子要不要檢舉，儒家是希望兒子隱瞞的，別人檢舉是別人的事，做兒子的沒有資格、沒有權利這麼做。同樣，比如我發現我兒子考試作弊，便到學校檢舉，向校長報告，大家都會覺得這個爸爸很奇怪吧。

孟子後來在這點上有一個精彩的引申。孟子有一個學生故意問，如果舜的爸爸殺人，舜該怎麼辦？我們知道，舜是天子，他爸爸瞽叟（翻譯成白話文就是瞎眼的老頭）實在是不明事理，曾經幫助舜的弟弟謀殺舜。所以學生就問了這個問題。孟子說，讓皋陶去抓，因爲皋陶是司法官，他於法有據，本來就應該抓殺人犯。學生再問，舜眞的會這樣做嗎？孟子回答說，舜會把天子的位置辭掉，背著爸爸順著海邊逃跑，找一個很偏僻的地方住下來，和父親一起過著平常的生活，快樂得忘記了天下。舜不可能又當天子又保護爸爸，當天子就應該執行法律，但是如果不當天子，就是一個單純的兒子，那就帶著爸爸一起逃吧，司法官追到了就給爸爸送牢飯，追不到，就和爸爸在天涯海角過著自然的、充滿親情的生活。

這是儒家的思想。秦始皇靠法家得到天下，法家到最後就是四個字：刻薄寡恩。秦統治天下到秦二世就結束了，十幾年而已。李斯是秦始皇的宰相，死前對兒子說，我想再和你一起出東門，牽個大黃犬去打獵，但已經不可能了，因爲他作法自斃。法律那麼嚴苛，殺了許多人、關了許多人，自己碰到的時候就活不下去了。眞正的法律是幫助人的，不是殘害人的。所以，儒家對於法律的態度很簡單，法律是爲人而設的，法理不外乎人情。父子親情是不能夠替代的，父母子女這一倫在儒家裡面被認爲是不可逆的。什麼是不可逆？你是我的朋友，你對我不仁休怪我對你不義，道不同不相爲謀，夫妻之間也可能分開，但是父母子女這一倫不同，人無法改變這層關係，這是合乎人的天倫。

【第198講】

本講要介紹的是《論語・子路第十三》第十九章，這一章的內容是這樣的：

樊遲問仁。子曰：「居處恭，執事敬，與人忠。雖之夷狄，不可棄也。」

樊遲請教如何行仁，孔子說：「平時態度莊重，工作認真負責，與人交往真誠，即使到了偏遠的落後地區，也不能沒有這幾種德行。」

這是樊遲第三次請教什麼是仁了，《論語》裡面只有他三次請教什麼是仁。我經常把「仁」翻譯成「行仁」，說明仁不是一個名詞，而是一個動作，你怎麼去走上正路。樊遲三次請教一定是在不同的時間，甚至不同的年齡，所以孔子的回答根據他當時的情況各有不同。在這裡所說的是平時、工作時、與別人交往時該如何行仁。

我們要了解儒家思想，除了講人性向善之外，更重要的是要了解何謂善，否則只講人性向善或者本善，並不具實質意義。一般人講善通常都會考慮兩個重點：第一，善是不是動機；第二，善是不是行爲的效果。有些人認爲一個人動機好，他就善了，果眞如此嗎？假如一個年輕人在路上看到一個老太太，她太靠近車道了，後面有大卡車開過來，他覺得老太太很危險，他要救人，想把她拉過來，結果他這個時候摔了一跤，反而把她推過去了，被車撞到了。這個人絕對是善意的，但結果是害了人，請問他的行爲是善的嗎？動機善，還要手段正當，結果要好。另外一種說法認爲善在於效果，比如我今天上班在路上，快遲到了，拚命地趕路，結果旁邊發生車禍，我要不要救人？如果這個時候救人肯定至少會遲到半小時。到了公司不知道如何向上司報告，上司不見得相信我，於是我心想，算了，不要多管閒事。正在這時候來了一輛電視轉播車，我心想，想上電視就是此時，立刻救人。新聞片中午發佈：某某人在某某公司上班，他勇於救人。公司不但不說我遲到，還計功兩次放假三天。那請問這個人是行善嗎？他的動機非常複雜，但是他眞的是救了人。請問什麼是善？在於動機，還是在於行爲結果？這些各有它的問題。

儒家所謂的善該如何理解呢？儒家很喜歡講四種善，在《孟子》裡面就多次提到「孝悌忠信」這四個字，分析之後就會發現，孟子所謂善的行爲，每一樣都是指自己與一個特定的人之間的適當關係：孝是我與父母之間，悌是我與兄弟姐妹之間，忠是我與長官之間，信是我與朋友之間。沒有例外。所以儒家所謂的善，一定是本身與別人之間適當關係的實現。怎樣才算適當的關係？如何判斷？這一點最難。張三對他父母親的作爲可稱爲孝順，我依樣畫葫蘆學張三的行爲，卻不見得是孝順。我父母抱怨我不孝順，我說人家張三這樣做父母說他孝順，爲什麼我這樣做反而是不孝順呢？父母就會說，你又不是張三的父母生的，你是我生的，要照我的辦法來做。所以天下人都說我孝順不算，我的父母說我孝順才算。相反的，天下人都說我不孝順無所謂，我的父母說我孝順就行了。這是儒家的思想。提起孝順，我常常會談到自己的經驗，中年之後，我常陪父母親打麻將，因爲母親半身不遂，這是我的孝順方法。我的學生聽到之後回家也想陪父母打麻將，父母不願意，還責怪他！我對學生說，不能學我，你們要孝順就陪父母爬山，讓父母更健康。如果我母親可以爬山，我的孝順就是陪她爬山，但是很不幸，我母親不能行走，所以我只能陪她打麻將。

儒家思想不是教我們學表面，而是要有眞誠的心，同時要注意到與我們相關的人對我們有什麼要求，這個時候再儘量來做，做的時候不要違背社會規範，那就是我們做到的孝，或者悌，或者忠，或者信。

所以樊遲請教如何行仁，孔子說，平常要態度莊重。這是自我要求，儒家一定會把「恭」字作爲自我要求。孔子曾經提過子產，他說子產有四方面做到了君子的要求：第一，「其行己也恭」。恭代表嚴肅、代表莊重；接著，做事的時候敬，也就是認眞負責；第三，與別人相處來往要忠。忠代表眞誠。儒家沒有關起門的聖人，想學儒家做君子，一定要打開門和別人來往，因爲善在於我和別人之間適當關係的實現。因此，孔子的志向是「老者安之、朋友信之、少者懷之」，是孔子和老者、朋友、少者之間的互動關係。本來，以孔子的能力和才華，要歸隱田園過自在的隱居生活，實在太容易了。他在魯國當過大夫，靠退休金過日子也很容易，何必這麼辛苦周遊列國呢？因爲善是己身與別人之間適當關係的實現，而別人是誰？自己之外的所有人都是別人。只要有能力，希望天下人都因爲我們的努力而過得更快樂。這樣的說法，不是希望每個人都忽然之間想做偉大的事情，而是希望通過儒家的教育使每一個人都有這樣的念頭，都從自己開始和身邊相關的人建立適當的關係，這個世界就會慢慢走向更理想的境界。相反的，沒有這種觀念，有些人說自己一家人處得好就是好，有些人說我只管本國人，外國人不要管。孔子心中沒有這種區分。我們以前講過，孔子家裡的馬廄失火了，他下朝回家聽說之後只問了一句話：有人受傷嗎？這個「人」可能是馬車夫、工人、傭人，都是在社會上沒有地位的、人權沒有保障的，但對孔子來說，他們都比昂貴的馬更爲貴重。這說明孔子具有眞正的人道精神。所以學儒家的時候，這點一定要掌握。

末句「雖之夷狄，不可棄也」，即使到了偏遠的落後地區，也不能沒有這幾種德行。爲什麼到了夷狄之地也不能沒有這幾種德行呢？因爲蠻夷之地的老百姓雖然沒有受過太多教育，也不太開化，但是人性是一樣的，照樣是向善的。掌握這個觀念之後，《論語》中很多話語一看就明白了。

【第199講】

本講要介紹的是《論語・子路第十三》第二十章，這一章的原文是：

子貢問曰：「何如斯可謂之士矣？」子曰：「行己有恥，使於四方，不辱君命，可謂士矣。」曰：「敢問其次？」曰：「宗族稱孝焉，鄉黨稱弟焉。」曰：「敢問其次？」曰：「言必信，行必果，硜硜然小人哉！抑亦可以爲次矣。」曰：「今之從政者何如？」子曰：「噫！斗筲之人，何足算也？」

子貢請教：「要具備怎樣的條件才可以稱為士（古代的讀書人稱為士）？」孔子說：「本身操守廉潔而知恥，出使外國不負君主所託，就可以稱為士了。」子貢說：「想請教次一等的表現。」孔子說：「宗族的人稱讚他孝順父母，鄉里的人稱讚他尊敬長輩。」子貢說：「想請教再次一等的表現。」孔子說：「說話一定要守信，行動一定要有結果，這種一板一眼的小人物，也可以算次一等的士了。」子貢再問：「當前的政治人物怎麼樣？」孔子說：「這些人的器識像是廚房裡的小用具，算得了什麼？」

這話聽起來眞是痛快。讀書人和一般人有何不同？在於讀了古代的經典之後，知道一個國家、社會應該怎麼樣發展，一個人應該怎麼樣掌握人生的光明坦途。所以，子貢就問，怎麼樣才可以算是讀書人。孔子的回答分爲三個等級。

最好的是本身操守廉潔而知恥。儒家的羞恥心是指個人的行爲達不到某一個共同的標準，自覺慚愧，這就是知恥。西方講到人時，經常提到罪惡感，因爲他們有宗教信仰的背景，人面對上帝，上帝代表完美，而人永遠都不完美，所以人有罪惡感。中國人沒有罪惡感，但是有羞恥心，他把社會上高的標準與自己的作爲一比較，發現差太遠了，不好意思。所以作爲讀書人，要知恥。一旦做官了、出使外國，要能夠執行君主的命令，讓他不要失望。能夠有內在的修爲，又有外在的成就，這是讀書人的最高表現。

子貢就問第二等的人怎麼樣？孔子說，在宗族裡別人說你孝順，在鄉黨裡別人說你尊敬長輩。孝與悌的範圍很窄，因爲孝只能對於我們的父母親，或者宗族裡面的長輩；悌就是對一般的長輩。敬老尊賢，說明這個人的表現中規中矩。這是第二等，這等人沒有機會替國家做大事。

子貢又問第三等。孔子好像有點勉強，他說的第三等我們會覺得不大容易理解，是「言必信，行必果」。這六個字本來很好，說話一定要守信、做事一定要有結果，這有什麼問題呢？孔子也說過「言而無信，不知其可也」，一個人說話沒有信用的話，我不知道他怎麼樣行得通啊。好像牛車與馬車，輗與車體本身連接的環節不見了，牛和馬怎麼拉車呢？無路可走。但是，孔子在這裡居然說，說話一定守信、做事一定有結果的人是「硜硜然小人哉」。小人，代表一板一眼只注意到細節，沒有恢弘的器識的人。孟子也說過「言不必信、行不必果，惟義所在」，這是大人。爲什麼說話不必守信呢？因爲與別人約好做事，等你實踐的時候一定是隔了一段時間。比如，我去年答應你做一件事，現在答應的時間到了，我要不要守信呢？那就要看從去年答應到現在，這之間有沒有發生重大事件。我最常舉的例子就是，我買一把獵槍，你和我約好下個月借去打獵，好朋友沒問題，先答應你，下個月槍借給你。就在這一個月之內，你出現了問題，患了憂鬱症，有自殺的傾向，請問下個月候我還要借你槍嗎？如果像孔子說的那種「言必信」的人，我就把槍借給你，你有沒有自殺是你的事情，不要怪我，反正我守信了。在這種狀況下，若一定要守信，就犯了儒家所說的「小人」的毛病。所以，守信用也要有宏觀的眼光，要隨時觀察，否則儒家豈不是變成不知變通了嗎？「行必果」，做事一定要有結果。這聽起來應該是對的。假設我幫你蓋一棟房子，蓋了一半才發現你是用來藏毒品的，那我還要不要幫你蓋呢？我蓋了一半不蓋了，因爲我發現了事情的眞相。這是儒家的思想。與別人來往要有原則，在正常情況下絕對守信、絕對做事有結果，但要隨時保持靈活的判斷，有變化就要調整。西方也有類似的討論。比如兩個人坐船，船沉了，他們逃到荒島上。一個人臨終時對另一人講了個秘密，說在哪裡藏有寶藏，請你回去之後告訴我兒子。另一個人眞的得救了，回去了。請問他要不要把這件事對那人的兒子說呢？他去打聽了一下，發現這個人的兒子正在做黑道生意。這個時候他還要遵守諾言嗎？若是我，會像孔子說的一樣，做事不一定要有結果，說話不一定要守信。我把寶藏捐給慈善機構，做公益事業。取之於社會、用之於社會，哪一個人的錢不是從社會賺來的？

這就是儒家思想，非常靈活，今天西方最好的倫理學、最適合我們用的，也不過如此。所以我們學了儒家之後就知道，絕對不能膠柱鼓瑟。孟子常常說，一個人不知道變通，再多的書都算是白讀了。

「言必信，行必果」，居然被孔子說成是硜硜然小人。子貢進一步問，現在魯國這些當政的人怎麼樣？這個問題實在是多餘的，孔子的語氣有點像抱怨，說這些人是廚房裡小小的碗盤、餐具，有什麼好談的！孔子是很有自信的人，才會用這樣一句話概括。但也不能怪他，魯國的政局確實很少有上軌道的時候。

我們由此知道，孔子對讀書人的期許是多麼高，我們也可以從中判斷自己到哪個層次了，下一步應該怎麼樣再往上走。

【第200講】

本講要介紹的是《論語・子路第十三》第二十一章，原文是：

子曰：「不得中行而與之，必也狂狷乎！狂者進取，狷者有所不爲也。」

孔子說：「找不到行為適中的人來交往，就一定要找到志向高遠或潔身自好的人。志向高遠的人奮發上進，潔身自好的人有所不為。」

本章提到交朋友的問題。交朋友可以考慮三種人，最好的當然是中行，中行的人當狂則狂，當狷則狷。這八個字不容易做到。狂者進取，就是奮發上進。這種人有誰呢？《孟子》裡面特別提到曾參的父親曾皙，也就是曾點。曾點在《論語》裡面只出現了一次，但那一次就石破天驚，讓孔子公開說，我欣賞曾點的志向。曾點的志向與別的同學要當軍事家、政治家、外交官不同，是一種生活態度，配合天時地利人和，隨遇而安，讓自己自得其樂，那才是活在世界上的正確態度，使一個人擁有完整的生命。佛教說「人身難得」，人有這個身體是很難得的。那當然要過得快樂，而這個快樂一定要配合修行，因爲只有修德行善才是眞正的快樂來源。別的同學都是能做大事、能做大官的人，像子路、冉有、公西華，都在《論語》裡出現過很多次，但是曾點出現一次就夠了。孟子說，曾點是狂者。他有什麼特色呢？他一開口就提古代人如何，堯舜如何，看不起同代的人。孟子說他「言不顧行，行不顧言」。說話無法照顧到他的行爲，也就是說，他說的話自己無法做到；行爲照顧不到他說的話，說明他做的事情與言論不能配合。別人看到他就覺得這個人是一個狂者，眼高於頂，只看古人不看同代人。但是也不能說狂者不對，人本來就應該取法乎上，只不過他腳踏實地的功夫不見得夠。曾點的作爲，也反映出性格上的缺點。比如曾參經常挨打。曾點打他，恐怕是恨鐵不成鋼，但他打得也太兇了一點。有些傳聞不知道是不是眞的，說曾參有一次在田裡除草，瓜還沒熟，他不小心把瓜藤弄斷了，就被爸爸打得暈過去，好久才醒過來。看到這段話會覺得太可怕了，家庭暴力。但是曾參還是很孝順，《孟子》裡面講孝順的時候，經常引用的人是舜，另一個就是曾參。曾參如何孝順曾點呢？每一頓飯都有酒有肉，讓老人家吃得很開心。老人家眼睛快瞎了，看不清楚，吃完之後就問還有剩的嗎？曾參說，有，剩下很多。然後請示父親剩下的酒菜要送給誰。這是曾參的孝順，讓爸爸雖然年紀大了、眼睛瞎了，身體不行了，還可以行善。所以孟子就說，曾參除了養其體，奉養父親的身體之外，還能養其志，奉養父親的心意。這是重點。什麼叫父親的心意呢？還是我講的人性向善。父親雖然年紀大了，不中用了，但還是希望行善，所以兒子就準備很多酒菜，按照父親說的把剩下的送給鄰居的窮人，讓爸爸很快樂，滿足他的心願，孟子說這就是「養志」。如果眞的想要明白儒家的話，不能忽略《孟子》。《孟子》把孔子的思想做了全盤的發揮。《孟子》裡面說到曾參眞是孝順，但是曾參的兒子就沒有這麼孝順了。曾參年紀老了，兒子曾元奉養他的時候也是每一頓飯都有酒有肉，但是父親問有沒有剩下的，他回答說沒有了，準備把剩下的熱了，下一頓再給父親吃。孟子說這樣不夠好。爲什麼？因爲無法讓父親的心意得到實現。這是儒家講的孝順，除了奉養父母的身體之外，還要讓父母有機會行善，用父母的名義行善，這樣父母才有眞正的快樂；否則父母只是被奉養著，活到很老，這算什麼呢？養老院也做得到啊。所以我們學儒家，這些地方才是關鍵。

我們交朋友也好，辦教育也好，該怎麼做呢？我認爲，一定要從第三步做起，就是「狷者有所不爲」。一個人活在世界上，受教育的意義就是能夠知道某些事不是不能做，不是不想做，不是不敢做，而是不屑於做。有一個指標，人受教育越多越不屑於做某些事。因爲那些作爲沒有格調。要我走後門、讓我貪污、叫我去拉關係，我不屑於做。這叫做狷者有所不爲。孟子說得很清楚，有所不爲者才能有所爲。人生就是一個選擇的過程，沒有選擇，任何事都做，那就如同到處買彩票指望中獎一樣。人生哪有靠運氣的？然後，再找狂者。志向越高越好，但是要腳踏實地朝志向前進，不能只是說大話。如果不能把握當下，哪裡有將來呢？現在也是過去的將來啊。這就是儒家的思想。

最好的是中行者。中行者去哪裡找呢？太難了。但是我們可以有另外一種理解。「中行」兩字和「中庸」類似。中庸就是用中，「中」代表內心的眞誠的力量，向善；「用」就是選擇，選擇如何把向善的力量表現出來，也就是《中庸》第二十章所說的，「誠者，天之道也。誠之者，人之道也」。讓自己眞誠就是人類的正路。換句話說，人活在世界上，沒有老師，或者沒有其他方面的規範，問題並不大，只要能眞誠，以平常心做事，所做的事依然能中規中矩。讓自己眞誠是人類唯一的正路，因爲宇宙萬物裡面只有人類可能不眞誠，可能計較各種利害關係。《中庸》還說：「誠之者，擇善而固執之者也。」所以人生的正路就是四個字：擇善固執。如果人生的正路是擇善固執，人性當然是向善。所以人生就須擇善來實踐，最後要止於至善。如果人性本善，那何必再擇善呢？

這就是《中庸》所謂「天命之謂性，率性之謂道，修道之謂教」。我們講中行的時候，順便把中庸之道做一個發揮，其中關於交朋友、受教育的論述，都值得我們參考。

【第201講】

本講要介紹的是《論語・子路第十三》第二十三章以及第二十六章。爲什麼隔了這麼遠要合在一起談呢？我們看了原文就會知道。第二十三章的原文是：

子曰：「君子和而不同，小人同而不和。」

第二十六章原文是：

子曰：「君子泰而不驕，小人驕而不泰。」

先說第一段。孔子說：「君子協調差異而不強求一致；小人強求一致而不協調差異。」「和」字並非不分是非對錯，那是鄉愿的作爲，孔子一向對鄉愿毫無興趣，甚至是加以批判的，鄉愿就是好好先生。比如，有兩個人吵架，他說你們別吵，你沒錯、他也沒錯，就是我錯了。這樣一來就不分是非善惡了，等於是和稀泥。儒家很討厭這樣的人，因爲他沒有是非觀念，最主要的是，他完全不眞誠。孔子說，經過門前不進來和我討論，我唯一不覺得遺憾的就是鄉愿。所以，儒家講和諧不會是只爲了息事寧人，追求表面的和諧而忘記是非善惡的道義。我們這裡講「君子和而不同」的「和」，最好理解爲演奏音樂時各種樂器雖然聲音不同，但是配合起來很和諧。孔子對音樂頗有造詣，現在很多大指揮家，指揮幾十種樂器，我們覺得不可思議，他們的耳朵很靈敏，有一個音高了一點、低了一點，他都不放過。我們聽的時候覺得有什麼好計較的呢？但是他們不行，非分辨清楚不可。各種聲音各有各的特色，合起來是一個整體，追求整體的和諧。這就是「和」。君子和而不同。「同」，就是只能用我一個人的說法，大家都要認同我。這不是君子所追求的。因爲人本來就是各有差異，求同存異，各自保持差異，追求大家相同的部分，就可以溝通了。

其實，求同存異在每一個大大小小的社會群體裡都存在。要求完全一致，就像中學生穿制服，看似很整齊，但是學生心裡想什麼呢？所以不要只求外在的一致。日本有一所私立學校，教孩子綁鞋帶，連鞋上有幾個孔，哪一邊先穿過去都要規定，嚴格得不得了。但是這樣的孩子一旦從學校畢業之後，像脫韁野馬，有時更不好管了。因爲只是外在的壓力使他進入一致的情況，他沒有內在的要求，也不懂得與別人協調差異。所以，談到人與人相處，大家和而不同，就暗示大家都是君子，但事實上不容易做到。和而不同的原則，就是要尊重他人、善待他人。儒家常常說「己所不欲，勿施於人」，如果能尊重他人就能對彼此的差異客觀地理解，其實很多事情都是因爲沒有從對方的立場來看問題。換位思考，將心比心，自然能多一些諒解。比如我上課教書，就要自問如果我是學生，這樣上課的方式我能接受嗎？如果我自己都聽得快睡著了，又怎麼能怪學生打瞌睡呢？

這種換位思考，使人相處起來相對比較容易。儘量替別人著想，如果別人反對我，我就從他的角度、從他的立場反思他爲什麼反對我。這樣就很容易協調差異了。

另外一段說到，「君子舒泰而不驕傲，小人驕傲而不舒泰。」人爲什麼驕傲？自我中心、自我意識太強就會驕傲。孔子曾經說過，驕傲非常不好，即使有周公這樣的才華，如果既驕傲又吝嗇，也不值得一看了。與別人對立，和別人比較，才會驕傲；如果不和別人相比，認爲每人各有特色，那就很舒坦了。

有一次我去演講，講完之後一位聽眾在門口等我。他說，傅教授，三年以前聽你講過這個題目，今天再來聽，發現你有很多話以前都講過了。我說，很抱歉，我這次準備得不夠好。這時候，旁邊一個人替我辯護。他說，有一個人對胡適之先生說，十七年前聽你講這個題目，隔了十七年，怎麼內容完全一樣？胡先生說，我講的是歷史，當然完全一樣了。這是很妙的回答。我們哲學沒有這麼容易，我不能說我講的哲學都一樣，哲學就是不同，否則如何配合時代的變化呢？所以，和別人在一起的時候，我告誡自己不要有太強的自我意識，偶爾看別人得意的時候也不要去減他的威風，洩他的底。孔子最討厭講別人缺點的人，看到別人得意，就到處說他以前的不是。每一個人都有成長的過程，重要的不是過去，而是現在達到何種程度。

君子的一大特色就是無私，無私這兩個字不容易做到。像顏淵的志向是「無伐善，無施勞」，不誇耀自己的優點，不把勞苦的事推給別人。他做到了無私。能夠沒有私心，和別人來往時可以輕鬆自在，不會驕傲。小人就是私心太重，什麼都要和別人比，最後可能眾叛親離，沒有朋友了。

這兩段話談到君子和小人的對照，對每一個人都是很好的參考。

【第202講】

本講要介紹的是《論語・子路第十三》第二十四章，原文是：

子貢問曰：「鄉人皆好之，何如？」子曰：「未可也。」「鄉人皆惡之，何如？」子曰：「未可也。不如鄉人之善者好之，其不善者惡之。」

子貢請教說：「全鄉的人都喜歡他，這樣的人怎麼樣？」孔子說：「並不可取。」子貢再問：「全鄉的人都討厭他，這樣的人怎麼樣？」孔子說：「也不可取。比較可取的是，全鄉的好人都喜歡他，壞人都討厭他。」

這段話很有趣，因為古代農業社會安土重遷，全鄉的人世代都居住在這裡，一個人從小到大，做好做壞大家都知道，所以一個鄉村裡面哪些人是好人、哪些人是壞人，大概都有一個共識。那麼，全鄉人都喜歡的人為什麼得不到孔子的肯定呢？因為一個人要做到讓全鄉都喜歡，代表他很可能是鄉愿，對每一個人都很客氣，長袖善舞。當然，我們也不一定反對這種人，但是能被全鄉裡所有的好人與壞人喜歡，這種人顯然是黑白兩道全討好，這就未免是非不分了。子貢可能有點賭氣了，一聽老師說不可取。他就倒過來說，全鄉人都討厭他，這樣好不好呢？一般人不會這樣問的。所以各位可以看到，孔子的學生和我們一樣，有很多缺點，有時候說話也會賭氣。孔子說，這也不可取。那怎麼才算好呢？全鄉的好人都喜歡他，壞人都討厭他。這話的前提是，好人壞人是大家的共識，所以被所有的好人喜歡，被所有的壞人討厭，代表這個人不錯，有原則，不做鄉愿。但這話不能倒過來說，既然壞人喜歡我、好人討厭我，我也算是一半好人，那是講不通的。

這段話反映了古代生活的情況，今天很難這樣說了。今天社會流動性極大，鄰居知道誰好誰壞呢？很難區分。

交朋友的問題在西方作過不少研究。幾個人做朋友，代表彼此有共識、有向心力。但是不要忘記，只要我們一小群人成爲朋友，對於同一個團體裡的其他人就是一個威脅。因爲別人看到我們幾個來往密切，會覺得被排斥、被孤立了。到後來同學們各自成立朋友圈圈，一個班就分成好幾個區塊了。當然，這也不見得完全不好，因爲本來就是物以類聚，人以群分，有人喜歡這些，有人喜歡那些。學校裡面有很多社團，社團不問背景不限科系，只要休閒的時候參加活動，大家興趣一致就好了。但是任何一個團體都要自覺，對於團體以外的人，會形成一個壓力。有些人很能合群，可以在好幾個團體都有朋友；有些人則比較不合群。我從小是屬於比較不合群的，什麼緣故呢？因爲我小時候口吃。現在別人都說聽不出來，那是因爲我經過了長期的訓練。說話重要的不是說得流利不流利，而是有沒有內容。口才非常好，講得卻沒有內容，那也無趣。如果口才很好，專門搞詭辯，也不行。在古代的名家學派，代表人物如惠施、公孫龍等人都善於詭辯。大家聽了之後會覺得他們口才好，實在是天才。惠施曾說雞蛋裡面有毛，如果蛋裡面沒有毛的話，爲什麼孵出來的小雞有毛呢？這就是詭辯。他還說，烏龜比蛇還長。烏龜怎麼和蛇比呢？他說把龜殼拿掉，說不定烏龜眞的比蛇長。他說，白狗是黑的。別人問，白狗怎麼是黑的，你用詞有問題吧？他說，白狗的眼珠是黑的。這種辯論他一講就是幾十個。可是，這種人再聰明有什麼用呢？口才再好又算什麼呢？

所以，當我們有一群朋友時，一定要記得朋友圈子之外的人的感受，否則這一群人有共同的語言、共同的興趣嗜好，圈外的人就有壓力，到最後互相排斥。

交朋友最好不要有偏執，像同學、同鄉、同道，或者是同樣信仰，最好能夠以道義作爲交朋友的原則。不論中國人、外國人，有朋自遠方來，四海之內皆兄弟，只要有道義，交朋友不是問題。但是，有些人專門講交情，講交情範圍就很窄，到最後就正好是孔子說的，只有行仁者能眞的喜歡好人和討厭壞人。一般人都是喜歡朋友、討厭敵人。敵人再怎麼好我都討厭，因爲他是我的對手；朋友再怎麼壞我都喜歡，因爲他是我的朋友。這樣一種風氣是很普遍的。我們在學術界經常會互相評審，比如，有人想投稿登在一本雜誌上，叫我評審。我先看是不是朋友，假如平常和我關係很友善，見面大家很談得來，便立刻讓他通過；另外一個人平常對我不理不睬，寫得好不好不管，先除掉再說。我經常參加學術會議，開會的時候也看得出來，有些人是朋友，一個人一講完話別人立刻呼應，讚美不迭；另外一個人講完話，別人就起來反對。所以開學術會議有時候很無聊。我這樣講，對學術界沒有什麼不敬的意思，因爲我自己也在學術界。我只是覺得，尤其在學術界，要避免黨同伐異，雖然它是人性的弱點。

孔子教訓子貢的話，具有普遍的意義。我們不要想讓所有人都喜歡，當然更不要讓所有人都討厭。要做到被好人喜歡，被壞人討厭。有些人很誇張，他倒過來說，喜歡我的都是好人，討厭我的都是壞人。這樣就沒辦法和他談了。

【第203講】

本講要介紹的是《論語・子路第十三》第二十五章，原文是這樣的：

子曰：「君子易事而難說也。說之不以其道，不說也；及其使人也，器之。小人難事而易說也。說之雖不以道，說之；及其使人也，求備焉。」

孔子說：「君子容易服侍而很難討好，不依正當途徑去討好，他不會高興，但是等到用人的時候，他會按照才幹去任命。小人很難服侍而容易討好，不依正當途徑去討好，他也會高興，但是等到用人時，他會全面要求、百般挑剔。」

這篇所謂的君子、小人，都是大官，要不然憑什麼用人、憑什麼要挑剔呢？可見，做官的也有所謂的君子小人之分。

爲什麼君子容易服侍很難討好？因爲他不太計較細節，性格和善大方，雖然官位高，但是很容易服侍。容易服侍代表容易相處。但是你要刻意討好他的話，他會覺得，奇怪了，這是我個人嗜好，你怎麼那麼清楚呢？反而會覺得你這個人有點問題了。但是，他用人的時候會因材而使用。我們學習許多知識慢慢成長，有專業，稱爲「器」，就是我的專長。但是不要以爲我有專長就夠了，還需要普遍發展人格方面的修養。所以，孔子在前面就提過「君子不器」，不要以作爲一種器具爲滿足。但是君子用人的時候要按照人的器具方面的才幹去使用。所謂的知人善任，不要求全責備。所以人有兩種，君子讓你做事時，會根據你的才幹讓你做適當的事；小人讓你做事的時候求全責備，有一點點事情沒有做好就非常挑剔。但是小人又很容易討好，他喜歡酒送他名酒，喜歡香煙送他名煙，他就很高興；但很難服侍，今天要這個、明天要那個，永遠不會滿足。因爲小人是以自我爲中心，他用人的時候就要求不能犯任何錯誤。

我們比較喜歡接觸的當然是君子。我舉個小例子：我以前有一個老師，他就是像君子一樣。他是一個學者，對於世間發生的事都不太在意，你接他的時候說我沒有車，我們今天坐計程車吧。他說可以，有車坐就好，能到目的地就沒問題。他不太在意，很容易相處。但是你要刻意討好他也不容易。有時候我們一起吃飯，有人講笑話。這個老師是留學歐洲的，個性非常古板，有點像德國人那種作風。講笑話可以，他不覺得好笑就絕不會笑，絕不會應付一下。我們聽別人講笑話，看到大家笑了，我們也笑一下，使氣氛好一點。但是，到晚上，講笑話的人就麻煩了。有時候晚上十二點，講笑話的人會接到老師的電話，他說，我到現在才想起來你吃晚飯的時候講的笑話爲什麼好笑，然後在電話裡面笑三分鐘給人聽。他反應是比較慢的，因爲他遇事常大而化之。我們都喜歡這樣的老師，他很內向，很木訥，口才不太好，但是很實在。他讓你做一件事情，你做得不太好，他也覺得可以諒解，他不會求全責備，很少責怪別人。這樣的老師修養很高。另外一個老師就不同了。當然，對於老師我們應該隱惡揚善，但現在只是拿來做比喻說明，如有巧合，純屬誤會。他很容易討好。他的喜好一看便知，但是不容易長期相處，他有一個毛病，大概小時候家裡比較窮困，所以他喜歡把快樂建立在別人的痛苦之上。比如，吃飯的時候我穿一套西裝，他看了就問我，西裝多少錢買的，我說台幣一萬塊。他一聽，就說你上當了。我問，爲什麼上當了。他說這個最多值五千。我當然很懊惱。他也穿一套新西裝，我就問他這套西裝多少錢買的，他說台幣兩百。換句話說，他要讓你發現你所買的東西都上當了。當你懊惱的時候，他覺得自己很聰明。這個老師還像小孩子一樣，鬥點心眼，實在是沒有必要。所以，後來我們吃飯的時候都先問哪一位老師來？前面那個老師來大家都來吃飯，因爲聊天講笑話他不笑也無所謂，反正也知道他的習慣，晚上準備接電話就是了。第二個老師如果來吃飯的話，我一定說正好有事，寧可一個人在家裡吃速食麵，也不願意吃飯的時候聽到領帶又買錯了、鞋子又穿錯了這類話。

人的個性眞的差別很大。有些人善於自我要求，不太去要求別人。這種人比較好相處。像我自己當然希望做個比較好相處的人，和朋友們聚會的時候，大家都知道我的習慣，說和傅某人一起吃飯，你問他要點什麼菜，他一定說隨便，非要他講的時候，只要有個什麼炒蛋就好了，蕃茄炒蛋也可以，蝦仁炒蛋也不錯。因爲我牙齒不好，你叫的食物太好、太硬我咬不動，太辣、太鹹我也不吃，我自己對食物有很多挑剔，所以就叫一個最簡單的。你們有這個本事、有這個條件你們吃，無所謂。人活在世界上不能樣樣都計較，我可以不計較很多事情，但我認爲重要的事情，就非常計較。

我計較的就是《三字經》第一句話寫錯了。「人之初，性本善」是有問題的，那是宋朝學者朱熹注解《論語》、《孟子》的時候的重要心得。請問，人性本善是孔子、孟子的想法嗎？不是，我們都念過了，「善人，吾不得而見之矣！得見有恆者，斯可矣」，孔子說，善人我沒有機會見到，能見到有恆的人就夠了。白紙黑字。有恆於什麼？有恆於行善，人活在世界上要有恆心努力行善。我們一再強調善人與仁者的差別：第一，善人只知道行善，而不知道爲什麼要行善，他行善的動力由外而來，希望得到別人的肯定；而仁者由內而發，自己要求自己行善。第二，善人絕對不會爲善而犧牲生命，而仁者可以殺身成仁。行善的關鍵就在於對儒家的思想能不能一以貫之，掌握人性的根本道理。

【第204講】

本講要介紹的是《論語・子路第十三》第二十七章，這一章很短：

子曰：「剛、毅、木、訥，近仁。」

孔子說：「剛強、果決、樸實、口拙，這樣就接近人生正途了。」

這句話常常被引用，很多人把重點放在木、訥上，因爲剛、毅兩字比較抽象。什麼是「剛強」呢？孔子曾經說過，「吾未見剛者」，我沒有見過眞正剛強的人。旁邊就有人說了，申棖。孔子說，申棖有欲望，怎麼能算是剛強呢？從這句話我們引申出來一句成語，叫做「無欲則剛」。有所求就必有所待，別人就可以按照我的欲望來左右我、操縱我——滿足我的欲望我就高興，否則我就難過。剛強代表我有一個目標、我有一個原則，不受任何影響。眞正的剛強是不容易做到的。「獨立而不懼」，在《易經》裡面也特別提到這樣的人，「遁世而不悶」，逃避世間隱居起來沒有任何煩惱，沒有人欣賞我也不擔心。這是眞正的剛強。「毅」代表果決，就像子路一樣。曾參也說過，「士不可以不弘毅」。弘就是氣度恢弘；毅就是果決，有堅定的決心。孔子說，剛毅木訥四個字所代表的四種表現或德行，近仁。爲什麼講接近？接近就不是完全等於。我們一再強調，孔子很喜歡講仁與道對照。他的立志有三個對象：立志於學、立志於仁、立志於道。道和仁一起出現的例子，最有名的就是今天孔子研究院在山東曲阜所立的四個大牌子：「志於道，據於德，依於仁，游於藝。」簡單來說，道是人類共同的正路，仁是我個人的正路。所以，仁與道可以重疊，對我個人來說，我的仁就是我的道，可以「殺身成仁」，也可以「朝聞道，夕死可矣」。所以孔子會說，仁離我很遠嗎？「我欲仁，斯仁至矣。」這樣一分辨，就比較清楚了，孔子說剛毅木訥接近仁，就是這四者接近每一個人的正路。

剛、毅已經大致解釋過了，木、訥兩個字就比較容易了。木，就是樸實、很實在，像一棵原木一樣。道家的老子很喜歡用「樸」來形容道，形容萬物本身的狀態、本然如此的狀態。爲什麼樸可貴？因爲樸還沒有雕琢，一塊木頭砍下來，可以做桌子、椅子，可以做門窗，也可以做供桌上用來盛祭品的漂亮容器。一旦雕琢，它就失去可能性了。道家講的樸就是原木。孔子這裡講木，就是說這個人很老實，保持著原初樸實的模樣。這樣就接近行仁了，因爲比較容易以眞誠選擇自己的路。

至於「訥」，就是說話吞吞吐吐，好像不會說話一樣。我們叫做口才笨拙。孔子有一個學生叫司馬牛，曾經請教老師什麼是仁。老師說什麼？「仁者，其言也訒」，行仁的人說話吞吞吐吐。這一方面說明，人在社會上發展就要學會怎麼樣說話才恰到好處；另外一方面，說話寧可慢一點。孔子一再強調「敏於事而愼於言」，做事要勤快，說話要謹愼，因爲一言既出，駟馬難追。

剛毅木訥就接近人生的正路，這對於每一個人都有效。因爲剛與毅是人應該修養的兩種特質，木與訥是人保持眞誠的本性。配合起來要找到人生的正路就相對比較容易了。很多人說，今天這個時代是自我推銷的時代，一個人剛毅木訥，從學校畢業之後怎麼找到工作呢？去公司和負責人面談，坐在那裡絕不多說一句話，老闆問你有什麼才華，你說沒有什麼才華，把自己講得很平凡、很平實，甚至有一點無用。別人會覺得你何必來應徵呢？這樣的話，就業都有困難了。那該如何是好？〈學而第一〉的第三章「子曰：巧言令色鮮矣仁」，談到「鮮矣仁」，本章談「近仁」，大家可以對照來看。孔子說，一個人說話美妙動聽，表情討好熱絡，很少有眞誠的。這裡又說，剛毅木訥就接近仁了。既然巧言令色很少有眞誠的，我們就要在此處下功夫。我巧言令色，但是特別真誠，這樣就好了。我希望能夠讓別人了解我的特質，我講得美妙動聽，但都是有根據的、實實在在的材料。讓對方了解我的才華，自然就有機會被選用。

我們一再強調，要對《論語》活學活用，絕不要陷入照搬照抄、不知變通的死胡同。

論語三百講 中篇

2011年9月初版　　定價：新臺幣300元
2015年10月初版第二刷
2020年1月二版

著　　者　傅　佩　榮
叢書主編　沙　淑　芬
校　　對　林　易　澄
封面設計　江　宜　蔚
編輯主任　陳　逸　華

出版者　聯經出版事業股份有限公司
地址　新北市汐止區大同路一段369號1樓
編輯部地址　新北市汐止區大同路一段369號1樓
叢書主編電話　(02)86925588轉5310
台北聯經書房　台北市新生南路三段94號
電話　(02)23620308
台中分公司　台中市北區崇德路一段198號
暨門市電話　(04)22312023
郵政劃撥帳戶第0100559-3號
郵撥電話　(02)23620308
印刷者　世和印製企業有限公司
總經銷　聯合發行股份有限公司
發行所　新北市新店區寶橋路235巷6弄6號2F
電話　(02)29178022

總編輯　胡　金　倫
總經理　陳　芝　宇
社　長　羅　國　俊
發行人　林　載　爵

行政院新聞局出版事業登記證局版臺業字第0130號

本書如有缺頁，破損，倒裝請寄回台北聯經書房更換。　ISBN 978-957-08-5447-3 (平裝)
聯經網址 http://www.linkingbooks.com.tw
電子信箱 e-mail:linking@udngroup.com

國家圖書館出版品預行編目資料

論語三百講 中篇/傅佩榮著．二版．新北市．
聯經．2019.12．256面．14.8×21公分
ISBN 978-957-08-5447-3（平裝）
[2020年1月二版]

1.論語 2.注釋

121.222 108021048